Esthétique du vin

En couverture : *Bacchus* © Studio Harcourt

Prépresse et fabrication : Glénat Production

Couvent Sainte-Cécile
37, rue Servan — 38000 Grenoble
www.glenat.com

ISBN 978-2-344-04746-0
Dépôt légal : avril 2021

PEFC PEFC/14-38-00302

Julien Gacon
Aurélie Labruyère

—

Esthétique du vin

Conversations pour amateurs

Glénat

À Bernard Bourigeaud,
Sous les traits duquel nous est apparu Mentor.

Sommaire

INTRODUCTION

« Enivrez-vous »

par Julien Gacon

En proie à la sécheresse de l'esprit moderne, utilitaire et borné, Charles Baudelaire nous invite à une ivresse pleine d'exaltation : « Pour n'être pas les esclaves martyrisés du Temps, enivrez-vous ; enivrez-vous sans cesse ! De vin, de poésie ou de vertu, à votre guise[1]. »

Au contraire d'un abrutissement, une telle ivresse est un coup de foudre, le surgissement du divin, celui de Dionysos, ce dieu atypique né deux fois, aux forces sourdes et incontrôlables, tant essentiel que dangereux. De tous les psychotropes, Dionysos choisit le vin comme attribut, en souvenir de son cher éromène Ampelos, qu'il trouvait si beau et source de bonheur : « Ampelos, tout mort qu'il est, vit encore, car je vais changer ton charmant compagnon en un breuvage du plus doux nectar[2]. » Autres temps, autres mœurs. Remarquons, aussi en matière de vins, que les Grecs avaient déjà tout écrit : le vin est une chose belle et qui nous relie au monde céleste.

---

1. Baudelaire, 1869, *Le Spleen de Paris – Petits Poèmes en prose*, XXXIII.
2. Nonnos de Panopolis, *Les Dionysiaques*, vol. XII, Paris, Les Belles Lettres, rééd. 2003-2006.

Gourmandise païenne, Kiddouch ou Eucharistie, consommation ordinaire ou rencontre d'une vie, élan intuitif ou démarche réfléchie d'esthète, comme on voudra aujourd'hui. Partager le vin reproduit un geste millénaire et maintes fois sacré. Indépendamment de la qualité du breuvage, pourvu que ce dernier ne soit pas dénaturé, boire le vin amène à s'enivrer du monde. Ni religion, ni art, ni science, le vin leur est pourtant étroitement lié. Il accompagne les activités qui ennoblissent l'homme. Ce dernier lui porte en retour une attention particulière, des soins parfois démesurés.

Ne nous demandons pas ici quels sont les bons vins, laissons cela aux critiques et aux sommeliers, et surtout au bon goût de chaque amateur. Scrutons plutôt ce liquide à la recherche des principes de la passion qu'on lui voue. À la recherche des réactions qu'il déclenche, des conversations qu'il initie, des mondes qu'il dévoile.

Une matière propice à l'analogie

« Buvez-en tous ; car ceci est mon sang[1] » : dans la maxime la plus célèbre de la culture du vin, « ceci » garde le mystère d'une essence matérielle présente, mais indéterminée, dont on peut faire l'expérience sans pour autant pouvoir la saisir. Elle existe, mais échappe à toute définition, hormis celle d'être le fruit de la vigne. Si l'on peut la voir, bien la ressentir passe par l'odorat, le goût et le toucher, les sens menant du charnel à l'abstraction et à l'imaginaire. Prêtons attention à cette poésie, comme une

1. Évangile selon saint Matthieu 27-26.

sorte de balancier sans équivalent, qui oscille entre réalités et représentations, nature et culture, reflets moirés et réflexions. Procédons par allers et retours depuis la matière (la chimie du vin) jusqu'à l'idée. Montrons en quoi cette substance extraordinaire est particulièrement propice à la rêverie, voire à l'analogie.

Croquer un raisin mûr est délicieusement rafraîchissant. Le fruit de la vigne contient beaucoup d'eau et une acidité agréable de fruit. L'une des particularités physiques remarquables du vin est de conserver ces deux caractéristiques intactes après la transformation du raisin. Le vin étant directement issu de la fermentation du jus du raisin, sans distillation, ni dilution, ni concentration (à l'exception de certains vins liquoreux), il conserve la teneur aqueuse du fruit. Ce breuvage provoque un sentiment d'harmonie et n'est pas figé. Le vin garde aussi, telle une colonne vertébrale, l'acidité du raisin. Il contient du tartre dissous, un petit diamant naturel très spécifique à la vigne, que l'on peut observer sous la forme de concrétions blanches dans les cuves[1]. Cette pierre angulaire secrète donne au vin sa stabilité. À travers le vin, le raisin échappe au sort commun des fruits, à la décomposition, sans laisser de traces. En perdurant trente, cinquante, parfois plus de cent ans, le vin épouse la condition humaine dans sa temporalité.

Notes de fruits rouges, noirs, blancs ou jaunes, épices, herbes fraîches ou sèches : selon les conditions de culture, ses arômes sont ceux de l'ensemble du règne végétal ; le vin recèle les parfums de tout un jardin. On est projetés intérieurement

1. Acide tartrique $C_4H_6O_6$.

dans la pureté et la luminosité du jardin originel. « [...] de ce fruit de la vigne, jusqu'au jour où j'en boirai du nouveau avec vous dans le royaume de mon Père[1]. » Georges Dubœuf en avait eu l'intuition en misant sur un vin nouveau léger et acidulé, son cher Beaujolais. Des caractéristiques de la vie comme la fluidité, la fragilité et la versatilité animent l'ensemble.

La mutation des sucres visqueux en alcool fluide et brillant au cours de la fermentation renvoie quant à elle symboliquement à la maîtrise du feu, à une dimension prométhéenne et transgressive. On passe de l'état de nature d'un fruit, à celui civilisé du vin. L'homme altère momentanément ses perceptions et accède à la connaissance, au risque de se brûler lui-même tout comme le monde qui l'entoure : en se civilisant, il engendre la nécessité d'une éthique. Les vins les plus prisés sont les plus exigeants à cet égard. Ils sont ceux issus de savoir-faire tellement aboutis que la perception de l'alcool s'efface au profit de l'harmonie d'ensemble. Ce faîte d'équilibre, ce raffinement vénéneux, ce délice risqué mettent à l'épreuve l'éthique de l'amateur. La maîtrise de son tempérament fait intégralement partie du parcours de l'amateur et conditionne son plaisir.

Si cette alchimie fait briller les arômes, elle introduit aussi une autre forme de nature, plus sourde et sombre. L'innocence brillante des petits fruits, fleurs ou feuilles est voilée. Un monde souterrain de ferments apparaît et patine le vin d'une atmosphère indistincte, à la manière d'un *sfumato* en peinture. C'est ainsi par exemple que les grands chardonnays de

1. Évangile selon saint Matthieu 29.

Bourgogne ou de Champagne acquièrent une profondeur incomparable en s'enrichissant lentement de leurs propres lies (les vestiges des ferments). Le *sfumato* suppose également le *chiaroscuro*, ou clair-obscur. À la lumière des arômes du raisin répond l'ombre de ceux de l'élevage. Le bois, les noix, les épices et la fumée des barriques de chêne offrent une première gradation ; les cuirs, muscs, truffes, mousses de sous-bois et autres fruits secs parachèvent le contraste avec le temps une fois le vin en bouteilles. Ces nuances aromatiques sont soumises à la finesse de nos sens, tant innée qu'acquise, selon un enchaînement grisant. L'expérience dure d'autant plus que les arômes sont variés : complexité et longueur sont liées, tout comme diversité et qualité. Là aussi on retrouve la vie. « Pour qu'il y ait vie, il faut qu'il y ait différenciation des éléments, laquelle, se complexifiant, a pour conséquence la formation de chaque être en sa singularité[1]. »

En bouche, cette harmonie implique le toucher, l'odorat et le goût. Textures, arômes et saveurs se fondent en une sensation intérieure intime. Des volumes apparaissent mentalement, des espaces s'ouvrent sur de vastes paysages abstraits, puis se referment en arrière-goût et mémoire. Se demander quand boire un vin revient à se demander quand il est propice à la révélation de son caractère dans toute son intensité. La réponse idéale pour un grand vin serait « éternellement ». La réalité montre plutôt un ballet, une succession de différents actes : élan de jeunesse, âge mûr symphonique, nostalgie de la vieillesse. Espaces et temporalités se mêlent. La grandeur de ces paysages, leur

1. François Cheng, *Œil ouvert et cœur battant*, Desclée De Brouwer, 2019.

luminosité et leur mystère engendrent des élans du cœur et de l'esprit. Un grand vin donne le sentiment de l'histoire, renvoie l'esthète au plus profond de lui-même. Les valeurs d'une vision du monde s'incarnent dans la pratique personnelle du vin.

Le terroir, un édifice de culture

Gageons que Friedrich Nietzsche projetterait dans ces paysages mentaux la coexistence de propositions inconciliables : l'idéal intellectuel de mesure couplé au foisonnement de l'ivresse, la lutte sublime et prodigieuse d'Apollon et de Dionysos. Un édifice de culture. Il admirerait l'*amor fati* du travailleur opiniâtre de la vigne. À l'instar de nombreux collectionneurs, il ferait volontiers de certains grands vignerons des modèles d'accomplissement ; Lalou Bize-Leroy, Philippe Engel, Jean-Claude Berrouet, Egon Müller, Beppe Rinaldi parmi tant d'autres. Ses vins fétiches seraient rouges, monumentaux et gracieux, à l'image d'un richebourg 1996 du domaine Méo-Camuzet, d'un Château Haut-Brion 1989, ou bien d'un châteauneuf-du-pape Hommage à Jacques Perrin 1990 de Beaucastel. « La grandeur d'un artiste ne s'évalue pas aux beaux sentiments qu'il suscite [...], mais à la mesure dans laquelle il approche du grand style [...] Maîtriser le chaos que l'on est : contraindre son chaos à devenir forme ; devenir nécessité dans la forme : devenir logique, simple, non équivoque, mathématique ; devenir loi – c'est là la grande ambition[1]. »

---

1. Friedrich Nietzsche, *La musique et le grand style*, 1888.

En ce sens, le vigneron se rapproche de l'artiste, puisqu'il organise la nature en artefact. Chaque millésime, chargé de ses accidents climatiques et humains, est une nouvelle version du vin gagnée sur les éléments. Le vigneron appelle terroir ce paysage intérieur auquel il aspire impérieusement ; cette forme dont il hérite, qu'il édifie et affine tout au long de sa vie, et puis transmet. Celui de Château Cheval Blanc à Saint-Émilion est décrit comme « un rêve romantique », une même forme découlant de la vision de Jean Laussac-Fourcaud depuis 1871 ; dans la vallée du Rhône, Jean-Louis Chave accole un « L' » à son hermitage en signe de complétion. Le terroir est affaire de vision, de mise en œuvre sensible, de reconnaissance. Les causes et les effets y sont incertains et insondables.

Une esthétique de la complexité

Le vin est une esthétique de la complexité, propre à passionner sur le long terme, mais difficile à transmettre à l'heure d'un consumérisme effréné. Comment expliquer rapidement qu'un même plant de chardonnay, cultivé avec un même soin à quelques dizaines de mètres de distance, donne en Bourgogne des vins de réputation et de prix aussi éloignés ? Impossible de discerner en laboratoire un montrachet grand cru de la famille Laguiche d'un vin de Saint-Aubin situé tout en haut de ce même coteau, et encore moins d'un montrachet produit par un copropriétaire de cette fameuse parcelle de terre. Un rapide tour de marché montre pourtant qu'une bouteille de l'un peut s'échanger contre tout un fût de l'autre.

Les sciences dites dures décortiquent aujourd'hui la matière avec une finesse inédite, mais sont toujours impuissantes sans la complicité de leurs cousines, dites humaines. De plus, on pourrait tout autant étudier l'organisation des grands crus de Bordeaux avec les meilleurs économistes et sociologues, dévoiler les ressorts d'influence ayant déterminé le Classement de 1855, montrer l'héritage de ce classement sur les marchés mondiaux contemporains, déconstruire les fondements de hiérarchies sociales implacables, pour finir après dix ans de publications internationales prestigieuses par s'émerveiller autour d'une bouteille de Latour 1959 et revenir de ce fait à son point de départ.

Devant ce mystère du terroir, on aboutit toujours peu ou prou à une certaine forme de tautologie du type « Petrus... c'est Petrus ». On ne peut compter finalement que sur la puissance d'évocation des noms des vins. « Et ces lieux qui jusque-là ne m'avaient semblé être que de la nature immémoriale, restée contemporaine des grands phénomènes géologiques – et tout aussi en dehors de l'histoire humaine que l'Océan ou la Grande Ourse [...] – ç'avait été un grand charme pour moi de les voir tout d'un coup entrés dans la série des siècles [...][1]. »

On boit un chambertin en Bourgogne, du nom précis de la parcelle de terre synonyme d'appellation d'origine ; comme un Vieux Château Certan à Bordeaux, du nom de la propriété qui circonscrit le vignoble en question ; ou encore un champagne Bollinger comme signature d'une maison au sein d'un vignoble plus vaste. Trois manières de nommer un vin par métonymie, de lui donner une identité par le lieu, de traduire la dimension culturelle propre à chaque vignoble.

1. Marcel Proust, « Nom de pays : le nom », in *Du côté de chez Swann*, 1913.

Partout dans le monde, il est difficile aujourd'hui d'échapper à l'un de ces trois modèles pour nommer un grand vin. La France n'a pas le monopole des meilleurs vins, mais ses codes sont devenus universels et son influence est incontestable. « Faire loi » : les Français ont sans doute pris Nietzsche au pied de la lettre en officialisant logiques, savoir-faire et goûts locaux par décret. Les appellations d'origine contrôlées, concept aristocratique porté par le baron Pierre Le Roy de Boiseaumarié[1], placent le bien commun au centre du jeu. Les terroirs y sont des bannières. Ils fondent leur puissance sur une dimension collégiale. Ils structurent ainsi la mémoire collective du vin en archétypes. Idéalement, on ne peut pas prendre un vin de Bordeaux pour un de Bourgogne, ni de même pour aucun autre. Comme en musique, il existe un Grand Répertoire, avec ses écoles, ses lieux et ses cultures. La liberté de créer est rendue possible par l'existence de fortes références et contraintes tant techniques que culturelles. Rivalités assassines et émulations fécondes, inimitiés héréditaires et mariages d'amour, sécessions et destins partagés, tout y est possible ; l'indifférence et la médiocrité sont les seules véritables ennemies.

Les conversations

C'est ainsi par sa puissance d'évocation extraordinaire que le vin délie les langues et alimente les conversations. Convaincus que se trouve là toute sa valeur, nous avons commencé, avec ma complice Aurélie Labruyère, à recenser, au gré de nos expériences dans le monde du vin, les thèmes les plus récurrents :

1. L'instigateur, en 1935, de l'Institut national des appellations d'origine, avec Joseph Capus.

beauté du paysage humain, place de l'homme dans la nature et dans l'histoire, maîtrise du destin, patrimoine et famille, grandeur de l'action, sens du sacré, par exemple. Ce faisant, nous étions frustrés de voir ces thèmes trop souvent cantonnés à de belles intuitions, de simples lieux communs, voire à de pauvres slogans de communication. Il était nécessaire de les approfondir.

Pour cela, nous sommes allés au-devant d'intellectuels qui, outre un intérêt profond pour le vin, sont investis par l'un des thèmes en question et font autorité. Relier le vin à l'idée d'une famille est tout à fait naturel ; écouter le faire Denise Kenyon-Rouvinez, une personne qui a consacré à la question de l'entreprise familiale ses travaux d'enseignement, d'écriture, de recherches dans les plus grandes institutions académiques et auprès des familles les plus importantes d'Europe, est d'une autre dimension. L'idée d'une vie projetée dans le théâtre du vin.

« Des choses à se dire ? Mieux : d'évidentes affinités qui appellent d'inévitables retrouvailles[1]. »

Nous avons fait le pari de ces affinités, l'intuition que l'idée maîtresse d'un contributeur peut trouver un écho auprès d'un vigneron. La rencontre, parfois la confrontation, entre ces esprits habités a donné lieu à des échanges fructueux. Les participants ont agi avec générosité en ouvrant tant leur porte et leur cœur que leurs précieux flacons – merci à eux.

1. Préface Pierre Assouline, in Marcel Proust, André Gide, *Autour de « La Recherche » – Lettres –*, Complexe, 1999.

Lire cette succession d'essais revient aussi à partager par procuration des expériences rares : déjeuner à Lafite avec le baron Éric de Rothschild et Jean-Robert Pitte ; être retenu à l'improviste par Aubert de Villaine et ouvrir une Romanée-Conti 1957 ; faire un tour de Jeep sur le plateau de Bandol avec Guillaume Tari ; contempler *Le Déjeuner d'huîtres*[1] avec Charles-Henri de Lobkowicz ; marcher à Vosne-Romanée en compagnie de Pascal Mugneret ; converser au coin du feu chez Thibault Liger-Belair ; admirer les œuvres d'art collectionnées avec passion par Ariane de Rothschild dans son bureau surplombant les toits de Paris ; de grands souvenirs. Chaque chapitre est indépendant, et pourtant tous se répondent. Vous y retrouverez les grandes questions qui traversent, pour ne pas dire obsèdent, les esthètes du vin, producteurs comme amateurs. Ce sont les mêmes conversations passionnées qui se répètent, sans bégayer, à Genève, Taïpei, Sao Paulo ou New York, comme à Bordeaux, Napa ou Beaune. Le résultat est une plongée inédite dans l'intimité de ceux qui font le vin et, nous l'espérons, une manière d'élargir vos propres horizons sur cette culture. Un bon verre dans une main et cet ouvrage dans l'autre.

Julien Gacon

1. Tableau de Jean-François de Troy, 1735.

Par

Azélina Jaboulet-Vercherre
Denise Kenyon-Rouvinez
Aurélie Labruyère
Jean-Marie Ardisson
Pierre-Marie Chauvin
Julien Froidevaux
Jean-Robert Pitte
Olivier Torrès

Avec

Anne Cheng, Collège de France
Ariane de Rothschild, Edmond de Rothschild Héritage
Charles-Henri de Lobkowicz
Bernard Bourigeaud
Aubert de Villaine, Domaine de la Romanée-Conti
Éric de Rothschild, Château Lafite-Rothschild
Éric de Saint Victor, Château de Pibarnon
Guillaume Tari, Domaine de La Bégude
Alexandre de Lur Saluces, Château de Fargues
Pascal Mugneret, Domaine Gérard Mugneret
Pierre Lurton, Châteaux d'Yquem et Cheval Blanc
Stéphane Derenoncourt
Thibault Liger-Belair, Domaine Thibault Liger-Belair
La famille Guigal, Château d'Ampuis

Bacchus par Studio Harcourt & *Normal Magazine* : une allégorie XXIe siècle

Sans doute cette photo était-elle entrée dans notre imaginaire sans même que nous en ayons eu conscience…

C'est au Studio Harcourt que nous l'avons découverte fin 2019, à l'occasion de l'exposition d'une série de portraits oniriques, presque chimériques, issus de contes, mythes et légendes. Les personnages – féminins ou féminisés — et leurs postures sont sortis de l'imagination du magazine arty *Normal*, au nom contre-intuitif.

Le Bacchus au féminin nous a aussitôt tapé dans l'œil. Quand est venu le temps d'illustrer cet ouvrage, il s'est imposé de lui-même.

Les représentations iconographiques de la vigne et du vin sont légion. Fresque égyptienne, mosaïque gréco-latine, natures mortes, figures symboliques de Noé à Bacchus via Loth, accompagné de son escorte d'émules ou de son Ariane abandonnée, énièmes paysages de vignes… l'iconographie vineuse est un genre pictural rebattu.

Ici, à la manière d'Arcimboldo, du Caravage, de Bacchino Malato, déjà revisité par Cindy Sherman ou par *Vogue*, nous avons rendez-vous avec un nouveau visage. Est-ce celui de Bacchus comme l'annonce le titre de la photographie ? Et si c'était plutôt l'allégorie de la vigne ou celle de la dégustation ? Quel est ce Graal qui trône sous la grappe ? Nous vous laissons choisir, ou *ne pas* choisir, rêver, imaginer.

« Les Ménades couraient en longs cheveux épars,
et chantaient Evoë, Bacchus et Thyonée. »

Bucoliques (1819), Bacchus, d'André Chénier

La signature Harcourt est une évidence pour les regards exercés. L'élégance, le clair-obscur, le regard et la mise en scène emblématiques de cette institution de la photographie ont rencontré ici un œil passionné et gourmand, un rien transgressif. À l'image de l'esthétique du vin vers laquelle nous tendons.

Photographie en couleur, 120 x 150 cm. Tirage d'art en caisse américaine. Édition numérotée sur six exemplaires.

Le pouvoir du vin

Non pas le sommeil agité
Ni les balbutiements pâteux
Mais le rubis qui s'illumine
Sur la robe de la cuvée
Quand je tiens entre mes deux doigts
Le pied du verre à déguster
Humer le bouquet et trouver
Un poème pour la saison.

Et puis dans l'accompagnement
Des saveurs à multiplier
Animer la conversation
Qui va découvrir des domaines
Où l'on n'osait s'aventurer
Et où les vignes du savoir
Proposent de nouvelles grappes
Pour les oiseaux et les amants

Michel Butor, *Prises de pouvoir*[1]

1. Interprétation poétique de Michel Butor pour l'ouvrage *Rhétoriques*, de César de Sceva, petit-fils de Nostradamus (auteur) et Julius Baltazar (illustrateur), publié par la compagnie de Pharmaciens Bibliophiles, 2011. Avec l'aimable autorisation de Jean Lelioux.

L'influence

par Jean-Robert Pitte de l'Institut

*Cet ouvrage s'ouvre sur une conversation à l'ancienne, une dispute d'anthologie entre deux grands personnages le 30 janvier 2018 au siège de la banque Rothschild & Co, avenue de Messine dans le VIII*e *arrondissement de Paris. Dans le bureau de l'éponyme, le baron Éric de Rothschild, se tient Jean-Robert Pitte.*

Bien que tous deux compagnons de cocagne ou membres du Club des Cent, les deux hommes ne se connaissent guère. Ils n'ont jamais eu l'occasion de se fréquenter, à peine de se croiser, malgré l'importance de leurs carrières respectives au contact du vin. Le baron se déclare bien entendu flatté de recevoir un membre de l'Institut de France et ex-président de l'université de la Sorbonne, tandis que l'universitaire découvre le cadre d'une des banques les plus puissantes d'Europe. Après les quelques politesses d'usage, la conversation s'engage. Dans ce lieu plus qu'urbain, loin des vignes, mais aux murs tapissés de références au vin et à Lafite en particulier, les points de vue divergent assez rapidement, pour notre plus grand plaisir. Le propriétaire terrien minimise son rôle, se retranche derrière le sacro-saint terroir, tandis que le géographe, héritier de la pensée de Roger Dion, croit davantage à la détermination du vin par l'homme. Le débat est d'autant plus savoureux que l'enjeu entre les deux hommes est purement intellectuel et que deux cultures immenses se confrontent.

Rendez-vous est donné pour le 23 mars suivant à Lafite au déjeuner, le temps de fourbir ses armes. L'accueil sera « rothschildien », c'est-à-dire d'une grande libéralité dans la simplicité. Les vins du château mettront les deux convives et jouteurs parfaitement à l'aise et chacun finira par se découvrir. Les pages suivantes ont été rédigées par Jean-Robert Pitte à la suite de cette rencontre, puis discutées et débattues, au point de faire naître une amitié entre les deux hommes.

Jean-Robert Pitte décrit autant l'influence du baron sur sa propriété que celle du château sur son propriétaire. Entre Lafite et le baron, il s'agit d'une osmose. Le géographe a trouvé l'illustration parfaite d'une idée qui lui est chère et à laquelle il a consacré sa vie, l'idée très japonaise du génie du lieu. Dans une bouteille de Lafite sommeille un esprit dont le tempérament, la culture et le cœur ressemblent étrangement à ceux du baron. N'est-ce pas le cas chaque fois qu'un homme prend particulièrement soin d'un bien ? Peut-être le géographe a-t-il écrit une histoire de leadership bien plus moderne qu'on ne croit ?

Éric de Rothschild et Lafite, une affinité élective

Dans la première moitié du XVIIIe siècle, les plus réputés des vignobles de Pauillac (Lafite, Mouton, Latour, Calon-Ségur, Pontet-Canet) appartiennent à un seul et même propriétaire éclairé qui valorise avec panache ses immenses domaines : le marquis Nicolas-Alexandre de Ségur, président à mortier du parlement de Bordeaux, surnommé à Versailles « le prince des vignes ». Il se dit que c'est son vin de Lafite que le duc de Richelieu, gouverneur de Guyenne, fait boire vers 1755 à Louis XV qui apprécie ce sombre breuvage, l'un de ces *new French clarets*, appelé la « tisane du maréchal ». Ce dernier estimait que c'était « un cordial généreux, délicieux et comparable à l'ambroisie des dieux de l'Olympe ». Le roi n'en fait pas pour autant son ordinaire, tant il est habitué au bourgogne et friand du nouveau vin à la mode, le champagne mousseux qui parvient si bien à dissiper son spleen.

Depuis, ces nobles châteaux ont changé plusieurs fois de mains et leurs vins ont aujourd'hui des styles réguliers, sans doute plus différents les uns des autres qu'au XVIIIe siècle. Deux d'entre eux, Mouton et Lafite, appartiennent à deux branches d'une famille au destin singulier : les Rothschild, qui ont pour leurs domaines bordelais, selon l'usage de l'Ancien Régime, accolé leur nom à celui de la propriété acquise à grands frais. À

Mouton, c'est Philippe Sereys de Rothschild qui tient aujourd'hui les rênes, succédant à Philippine, disparue en 2014, à Philippe et à son ancêtre Nathaniel, de la branche anglaise. Ce dernier l'avait acheté en 1853 et on dit que c'est parce qu'il n'était pas encore naturalisé français qu'il s'est vu, deux ans plus tard, classé seulement second par la chambre de commerce de Bordeaux. C'est Pompidou qui rétablit ce que la famille considéra toujours comme un déni de justice et Mouton devint premier en 1973.

La branche de Paris est fondée par James qui, après le roi, possède la première fortune de France sous la monarchie de Juillet. En 1868, trois mois avant sa mort, il achète Lafite aux enchères pour plus de 4 millions de francs, à l'occasion de la succession Vanlerberghe. Pourquoi a-t-il jeté son dévolu sur Lafite ? Parce que le Médoc est le vignoble des belles propriétés d'un seul tenant, des beaux châteaux, et qu'en 1855 Lafite a été classé premier grand cru. Il ne pouvait être question de déchoir en investissant dans un cru de moindre notoriété. Il n'aura ainsi nul besoin d'inventer une fière devise, inspirée de celle des Rohan, comme son cousin Nathaniel : « Premier ne puis, second ne daigne, Mouton suis. » Ensemble, Nathaniel et James contribueront beaucoup à donner le goût du bordeaux à la bonne société parisienne qui, jusqu'au début du Second Empire, est plutôt restée portée sur le bourgogne.

À la tête de Lafite aujourd'hui, Saskia de Rothschild[1] vient de succéder à son père Éric qui a conduit le domaine et ses

1. N.D.L.R. En 2021 elle a publié un *Almanach Lafite* célébrant les 150 millésimes (1868-2018) pendant lesquels sa famille a insufflé son esprit à Château Lafite. Un acte original et élégant de transmission.

satellites avec discernement depuis 1976, succédant à Élie, au nom de la branche française de la famille. Après son retrait, bien qu'il demeurât actionnaire, ce dernier n'intervint plus dans la marche du château jusqu'à sa mort en 2007 et jamais ne se retourna sur son passé, échappant ainsi au syndrome de la femme de Loth et laissant les mains totalement libres à son neveu. C'est ce qu'Éric affirme pratiquer avec sa fille Saskia, encore correspondante du *New York Times* pour l'Afrique, mais qui passe déjà deux ou trois jours par semaine à Lafite. Elle a commencé à redonner du lustre au voisin Duhart-Milon et à L'Évangile à Pomerol. Son père ajoute tout de même : « Très gentiment, quand elle prend ses décisions, nous en parlons... » C'est comme David avec son fils Alexandre à qui il a cédé la gérance de la banque en prenant lui-même la tête du conseil de surveillance en remplacement d'Éric. Tous les temples ont besoin d'un gardien vigilant. La maturité venue, le grand art est de le demeurer l'air de rien pour que tout change sans que rien ne change... Il admire par ailleurs la finesse du palais de sa fille : « Elle a pris ça de sa mère. » Puis il développe une audacieuse théorie : « Jadis, les femmes qui avaient un très bon palais avaient plus d'enfants qui survivaient. À l'âge de pierre, quand elles commençaient à donner de la nourriture solide à leurs nourrissons, je suis sûr qu'elles goûtaient auparavant et qu'elles choisissaient ce qui était le meilleur, rejetant ce qui n'avait pas bon goût ou qui, *a fortiori*, était avarié. » Tout cela n'est écrit nulle part et il se défend dans un éclat de rire : « Ah, mais non ! c'est moi qui l'ai inventé ! » Saskia jouit de son entière confiance et de toute son admiration, même s'il exprime quelques regrets quant aux études qu'elle a effectuées : « Elle était admissible à Normale Sup lettres et à HEC. J'aurais adoré avoir une fille normalienne, mais elle a choisi HEC... »

Cela dit, la bonne marche des affaires familiales ne devrait pas trop en pâtir, d'autant qu'elle a aussi pris le temps de passer un BTS en viti-œno, qu'elle parle et écrit quatre langues et qu'elle peut continuer à s'intéresser à la littérature sans en vivre…

Après guerre, Élie qui était remarquablement intelligent s'est peu occupé de la propriété. Il la visitait rarement et les directeurs avaient carte blanche. Il surveillait simplement la ponctualité du personnel annonçant son départ pour Paris, dormant à Bordeaux, puis revenant le lendemain matin afin de vérifier que tout le monde était à son poste… Les vertus d'un terroir de grand potentiel, fort bien conduit par un abondant personnel d'élite, suffisaient à produire tous les ans des vins supérieurs à la plupart de ceux du Médoc et inoubliables dans les grands millésimes, lorsque les planètes s'alignent. Les directeurs, chefs de culture et maîtres de chai n'avaient fait que peu d'études, mais leur expérience, leur pragmatisme, leur sens de l'observation et du détail y suppléaient. « Ils étaient tout à fait compétents », dit Éric en parlant d'eux avec respect, de Georges Revelle en particulier. Ce sont ces hommes qui ont élaboré les anthologiques millésimes 1952, 1955, 1959 et 1961. Il tient en haute estime leurs successeurs, l'actuel directeur Éric Kohler et le nouveau président des domaines Barons de Rothschild, Jean-Guillaume Prats qui a grandi à portée de voix de Lafite, au château Cos d'Estournel.

Malgré ces talents conjugués et la supériorité des vins, pendant des décennies les bénéfices furent modestes, comme ce fut aussi le cas dans les plus grands domaines bourguignons tel celui de la Romanée-Conti où les propriétaires ont longtemps vécu d'autres activités : l'élevage de bœufs charolais pour les Gaudin de Villaine, le négoce de vin pour les Leroy. Éric avoue même : « Quand j'ai pris Lafite en 1974, on perdait de l'argent… » La valeur du foncier s'est emballée, mais les prix de vente du lafite aussi, et c'est aujourd'hui une affaire qui tourne fort bien. Dans les années 1970, la critique a changé et certains journalistes, surtout américains, se sont mis à noter les vins. Il ne pouvait être question de laisser mal noter Lafite ; il a donc fallu s'investir et progresser : « On a fait l'effort qu'il fallait. »

Il y a un demi-siècle, tout le monde fonctionnait encore à l'intuition, même dans les vignobles français réputés. C'est ce qui a fait croire que le terroir et le millésime représentaient plus de 90 % des vertus des grands vins. Pourtant, Roger Dion, le premier, avait montré dès 1959 la fausseté de cette opinion commune dans son *Histoire de la vigne et du vin en France des origines au XIXe siècle* et, plus tard, Pierre Veilletet, journaliste et écrivain bordelais, avait tenté en 1992 dans *L'Amateur de Bordeaux* de convaincre le milieu viticole qu'« il n'existe pas de vignobles prédestinés, il n'y a que des entêtements de civilisation[1] ». En vain ! Éric fait toujours semblant de ne pas trop y croire. Et pourtant, plus de quatre décennies d'un tel homme à la barre d'un domaine aussi prestigieux, cela vous marque un vin, comme cela vous marque aussi un Éric de Rothschild. C'est cet étrange paradoxe qui mérite d'être interrogé.

Éric incarne au plus haut point l'esprit oxymorique, le sérieux habillé de fantaisie de sa famille dont la devise, inspirée des principes de l'aïeul Mayer Amschel, demeure un

1. Pierre Veilletet, « Le voyage de Bordeaux à Beaune », *L'Amateur de Bordeaux*, 34, mars 1992.

programme de vie : *concordia, integritas* et *industria* (union, honnêteté, travail). Cela paraît bien convenu et facilement moralisateur. Et pourtant, il s'agit des trois vertus auxquelles il faut ajouter l'imagination, l'esprit d'anticipation, la légèreté de l'être qui animent la famille de Rothschild, qui ont permis à ses membres et leur permet encore de dépasser d'une tête leurs confrères banquiers, entrepreneurs ou vignerons.

Le titre de baron des Rothschild date de 1822 ; il a été conféré par l'empereur François Ier d'Autriche pour services rendus à la couronne des Habsbourg aux cinq fils de Mayer Amschel et à tous leurs descendants portant leur nom, quelle que soit leur nationalité. Depuis, le célèbre adage « noblesse oblige » prend son sens avec panache parmi les membres de cette emblématique famille. Elle sait non seulement faire fructifier son héritage, voire le reconstituer après des tempêtes telles que le nazisme ou la nationalisation française de 1982, mais elle pratique le mécénat, souvent avec discrétion, dans les domaines de la santé, de l'éducation, de la science et de la création artistique, collectionne les œuvres d'art dont elle offre une partie à de grands musées et, enfin, se passionne pour le vin. Depuis l'achat de Mouton et de Lafite, tous les Rothschild se sont portés acquéreurs de vignobles ou en ont planté, non seulement en France, mais aussi sous d'autres cieux, par exemple lorsque le baron Edmond a créé les premiers vignobles de Palestine à Zikhon Yaakov et à Rishon Letzion en 1883[1]. Aujourd'hui, les différentes branches de la famille possèdent

1. N.D.L.R. Cf. chapitre « Quand Ariane de Rothschild rencontre Bacchus ».

des domaines viticoles dans plusieurs régions françaises, mais aussi en Californie, en Amérique du Sud et en Chine.

D'où leur vient cette passion ? « C'est chic d'avoir du vin ! Quand ils viennent dans les maisons de la famille, les gens sont contents de boire ce vin [de Lafite] », répond facétieusement Éric à cette question. Il n'a pas tort : depuis toujours, les puissants de ce monde aiment à servir à leurs hôtes leur propre vin : jadis les évêques, les abbés, les princes, les banquiers et, aujourd'hui, les grands patrons de tous les secteurs de l'industrie ou des services. Les ducs de Bourgogne, puis les rois de France, possédaient à cette fin leurs clos sur la Côte d'Or, les princes de Metternich à Johannisberg, le prince de Conti à la Romanée, les parlementaires bordelais sur la rive gauche de la Garonne et de la Gironde. La reine Margrethe du Danemark produit son vin à Cahors et la reine Elisabeth II vient de planter un vaste vignoble à Windsor afin de servir à sa table son sparkling, mettant ainsi fin au monopole des champagnes de la maison Pol Roger. C'est si distingué de ne servir que son propre vin à sa table qu'au terme de quelques tensions, tous les Rothschild français se sont associés pour produire un champagne sous leur nom. Outre les différents nectars de sa branche familiale, Éric sert à l'issue des repas qu'il offre deux rares cuvées de cognac et d'armagnac spécialement choisies et assemblées par une équipe maison secondée par un courtier sachant dénicher des eaux-de-vie exceptionnelles, parfois centenaires.

Que l'on ne se méprenne pas, c'est tout un art que de porter le nom de Rothschild, universellement connu et symbole de fortune illimitée (« J'ai pas la bourse à Rothschild ! »), mais aussi détesté par les jaloux, les antisémites, les idéologues qui font profession de haïr l'argent, pensent que celui-ci ne peut avoir été acquis honnêtement et, surtout, que sa possession et sa jouissance sont illégitimes. Dès 1870, P. Biarnez, dans *Les Grands Vins de Bordeaux*, proclamait sans rougir à propos de Lafite, acheté deux ans auparavant par James :

Au prestige du nom, à cet éclat menteur,
Que jette sur le rôle un éloquent acteur ;
Sous la loi du banquier, souverain du Pactole
De quel nouvel orgueil va se nourrir l'idole ?
Qui pourra, désormais, brisant son joug de fer,
Échapper aux rigueurs d'un despote si fier !

Cela implique pour Éric, comme pour sa famille, de vivre dans la probité et la discrétion. La mère d'Éric fuyait les mondanités et détestait que sa photo soit publiée dans la presse ; son épouse et sa fille, tout autant. Éric répugne à toute ostentation et, à de rares exceptions près, à parler d'argent. Néanmoins, il jubile en évoquant le spectaculaire rétablissement de la fortune familiale après la nationalisation mitterrandienne sur laquelle il y aurait tant à dire : « Avec David, on a beaucoup travaillé. Maintenant, c'est un autre monde. On est dans le pur conseil, on est parmi les cinq ou six grandes banques du monde dans cette catégorie. » Saskia souhaite avec son plein accord redorer le blason du château L'Évangile à Pomerol. À la question « Pour le vendre au prix du Petrus ? », il répond sans hésiter : « Mais oui, bien sûr ! Cela va prendre quinze ou vingt ans, mais elle va y arriver. » Il incarne l'éthique de sa famille au XXIe siècle : un Rothschild a de l'argent, mais il ne l'étale pas, il possède de belles résidences dont aucune photo ne paraît jamais, il n'a pas de yacht, il est philanthrope et mécène, mais dans la retenue, il est juif, mais il ne s'affiche pas chaque jour de shabbat à la Grande Synagogue… En revanche, il fait preuve d'une grande générosité à l'égard des œuvres dans lesquelles il s'investit.

Il n'aborde pas spontanément son judaïsme. On a beau y être habitué, ressentir un antisémitisme latent n'est jamais indolore. Un exemple : Éric et Edmond qui étaient très complices et gagnaient des courses à voile avaient songé à acquérir ensemble le Château Margaux lorsque la famille Ginestet le mit en vente en 1977. C'est par crainte de sarcasmes qu'ils n'en firent rien, de peur que l'on accuse les Rothschild de monopoliser tous les premiers.

À l'heure du cognac et de l'armagnac centenaires, nous abordons tout de même la question religieuse : Lafite est-il porteur des valeurs du judaïsme ? Éric n'en croit rien. Et pourtant, d'où vient ce perfectionnisme tranquille sinon d'une éthique et d'une confiance qui dépassent les simples impératifs de gestion financière ? Le kiddouch du vendredi soir et le repos complet du shabbat ne seraient-ils, comme il le dit, que de sympathiques addenda ? Serait-il un peu comme Confucius pour qui l'accomplissement des rites est la voie de la sagesse, bien plus important que le sentiment du divin ? Éric se dit plus attaché au respect des lois noahides – son fils s'appelle Pietro Noé – qu'à la foi en Dieu. Elles prescrivent de ne pas adorer d'idoles, de respecter ses parents, d'être gentil avec les animaux ; elles prônent la morale et la justice, mais elles ne contraignent pas à croire en Dieu. « L'humilité de Dieu fait qu'il ne nous oblige pas à croire en lui. Il nous dit qu'il ne veut pas être aimé par obligation, mais de façon volontaire, que nous n'obtiendrons aucun avantage à l'aimer. L'observance des lois noahides suffit à être sauvé. » Éric n'est pas un juif athée, mais il s'est forgé un judaïsme bien à lui, l'une des mille et une façons de le vivre[1], un peu hors des clous, comme il a conduit à sa manière le terroir de Lafite, hors des normes et des modes.

« Il y a trois alliances : celle de Noé qui est fondatrice. Ensuite, il y a celle d'Abraham qui est au cœur du judaïsme. Le patriarche a approfondi la connaissance de Dieu et Dieu l'a gâté. Puis Dieu a voulu le mettre à l'épreuve et lui a demandé de sacrifier son fils. Comme Abraham connaissait Dieu par cœur, il savait bien qu'il n'aurait pas besoin d'aller jusqu'au bout. Comme devant un joueur de poker, Dieu est obligé d'abattre ses cartes. Les juifs ont gagné à ce moment cette merveilleuse intimité, cette relation directe permettant l'interrogation qui est l'apanage du judaïsme. Vous dites cela aux rabbins : ils hochent la tête. Il n'y a qu'un banquier pour se lancer dans une telle démonstration, à moins que ce ne soit cette conviction qui nourrisse le talent du banquier et, par-dessus le marché, du vigneron qui confond avec délices l'improbable et le possible. La troisième alliance, celle de Moïse, est certainement la plus engageante puisque Dieu confie aux juifs le rôle de changer le monde pour faire venir sur terre les temps messianiques où la justice et la paix régneront. Vaste programme, aurait dit le général de Gaulle ! Bien qu'il ait acheté L'Évangile à Pomerol, il n'évoque évidemment pas la nouvelle alliance… Mais il poursuit en une impeccable pirouette juive : « Ce qui est extraordinaire, c'est qu'effectivement l'homme a "inventé"

1. Pour reprendre le titre du livre de son rabbin admiré. Delphine Horvilleur a publié récemment : *Des mille et une façons d'être juif ou musulman*, Delphine Horvilleur et Rachid Benzine, Seuil, 2017.

Dieu, mais il n'a pu le faire que parce que Dieu existait. En revanche, les lois de la probabilité démontrent que l'homme ne devrait pas exister… Comme disait Einstein, il y a un dessein. Mais le dessein est une chose, adorer le dessein en est une autre ! » Cela n'empêche pas Éric, qui décidément se délecte de paradoxes, de penser que « la mathématique est une preuve de l'existence de Dieu ». Pour conclure sur ce débat truffé de méandres et d'impasses et qui pourrait se poursuivre des jours et des nuits, il cite les aggadoth du Talmud de Babylone dans lesquels « il y a une histoire merveilleuse. Deux grands sages ne parviennent pas à se mettre d'accord. Il y en a un qui est exaspéré et qui dit à l'autre : "Tu vois cet arbre, si j'ai raison, il se rapprochera de moi." L'arbre se rapproche, le sage jubile et l'autre lui répond : "Mais qu'est-ce que ça a à voir avec le sujet de notre discussion ?" C'est tout le judaïsme ! » Au fond, découvrir Dieu, c'est comme inventer un trésor caché, c'est comme révéler le terroir de Lafite. Dieu a inventé Lafite en écrivant la partition, mais l'homme l'a lui aussi inventé en l'interprétant, tous deux jouant dans le registre du sublime. Éric cite le grand rabbin Bernheim qui dit que Dieu a créé la terre, il a ouvert la porte et il s'est retiré en disant aux hommes : c'est à vous de changer le monde. Homme de peu de foi, Éric ? Pas si sûr…

Banquier-viticulteur, comme il se qualifie lui-même dans le discret annuaire du Club des Cent, oui, mais Éric a toujours refusé de se transformer en voyageur de commerce pour vendre ses vins. C'est pourquoi, à la différence de l'un de ses célèbres voisins, il fait confiance aux négociants de la place de Bordeaux et aux meilleurs courtiers pour accéder à une clientèle fiable qui ne marchande pas. Il pense sage de préserver la prospérité des acteurs de cette complexe architecture commerciale de

Bordeaux, car ces partenaires connaissent admirablement le marché et défendent bien Lafite à l'exportation. Aujourd'hui, tout va bien et la demande est forte, mais en cas de crise de mévente, leurs talents conjugués pourraient être fort utiles. Pourtant, quand il est un peu poussé dans ses retranchements, il avoue tout de même vendre en direct, longtemps après les primeurs, une partie de sa production. Représenter Lafite et en parler dans les dîners de gala que les importateurs organisent aux quatre coins de la planète n'est pas sa « tasse de thé ». Il missionne souvent dans cette tâche Charles Chevallier, l'ancien directeur du château qu'il estime beaucoup et qui est devenu une sorte d'ambassadeur : « Il adore et il fait ça tout à fait bien. » Point n'est besoin de beaucoup communiquer quand on s'appelle Lafite : « Nous sommes comme le chien des Baskerville, il n'a pas aboyé et c'est ce qui a permis à Sherlock Holmes de découvrir le coupable. Nous communiquons juste ce qu'il faut et laissons à nos clients la joie de la découverte. »

Outre le paradoxe, Éric pratique à la perfection la litote ou, comme disent les Anglais, *l'understatement*. L'essentiel est ineffable et ne peut être dit avec des mots. Comme le moi est haïssable, il évite le « je » et le remplace par « nous » ou surtout « on », même lorsqu'il évoque une décision personnelle. Il est spontané, mais cultive l'hésitation par l'élégant et léger bégaiement que pratiquent les Royals anglais. Il répète volontiers d'un ton enjoué les phrases importantes de ses propos, ce qui lui permet de mûrir l'idée suivante. Il parle un français aussi naturel que possible, ponctuant ses phrases de quelques mots et tournures choisis : merveilleux, formidable, épatant, « ça, c'est gentil ! », « absolument ! », « aujourd'hui, on a du carruades 2001, du lafite 1985 et du rieussec 1998 ». Pour surprendre et amuser son interlocuteur, il emploie de jolis mots d'argot (« c'est nickel », « je ne vais pas tellement dans les chouettes caboulots »), mais prononcés avec l'accent posh de la *gentry* d'outre-Manche. Pour se donner le temps de répondre à une question trop précise, il commence souvent ses phrases par un « Quoi ? » rieur qui n'appartient qu'à lui et qui n'exprime ni une gêne ni une timidité, mais donne la fausse impression qu'il ne sait que répondre, ce qui lui permet, le cas échéant, d'esquiver la question sans agacer son interlocuteur. Il sait aussi répondre à une question par une autre question ou par un « Vous croyez ? », ou encore par un « Oui, oui… » étouffé. Le n*ever complain, never explain* de Disraeli, de Churchill et de sa gracieuse majesté britannique lui va comme un gant ! Tout comme la réponse de Disraeli à un député irlandais : « Oui, je suis juif et quand les ancêtres de mon honorable adversaire étaient des brutes sauvages dans une île inconnue, les miens étaient prêtres au Temple du roi Salomon. »

Le vin de Lafite est complexe, profond, raffiné, séduisant, souvent puissant, mais jamais arrogant ou démonstratif. Avec le temps, ses riches composantes se fondent avec élégance. Comme Éric lui-même, comme ses vestes en tweed ou en velours et comme le décor intérieur du Château Lafite, dans le plus pur style éclectique qu'affectionnent les Rothschild depuis James, au fil des ans le vin se patine sans prendre une ride. Lors des assemblages et des dégustations, il avoue que ses préférences sont dictées par son palais « lafitien » : « On aime les vins qui sont délicats, qui ne vous tapent pas dans le nez. Cela vient d'avoir été élevé au lafite. » Les vieux millésimes doivent être dégustés seuls, à la fin d'un repas : « J'aime beaucoup nos vieux vins. J'en bois souvent. De temps en temps, ils sont magnifiques et, même quand ils ne sont pas très bons, s'ils ont été convenablement décantés, ils sont intéressants. Ce qui est merveilleux, ce n'est pas d'avoir une bouteille de Lafite vénérable dans sa cave, c'est de l'avoir eue, de l'avoir bue et de pouvoir en parler. »

À une interrogation sur les vins parkerisés qui pendant longtemps se sont très bien vendus, il répond aussitôt : « Oui, bien sûr, mais on vend aussi très bien le lafite ! Et quand on fait un concours de châteaux, on observe que le verre le plus rapidement bu, c'est le lafite. Comme le disait Nicholas Henderson lorsqu'il était ambassadeur de Grande-Bretagne à Paris entre 1975 et 1979 : "*The problem with your wine is not only that it's more expensive, but people drink more of it...* " » Il a souvent proposé au ministère des Affaires étrangères de fournir du lafite à un prix très amical pour les grandes ambassades en précisant : « à la condition que vous ne le buviez pas entre vous... ». Sans grand succès. En revanche, à l'occasion de la dernière visite à l'Élysée du président chinois, du lafite a été fourni... Il n'accorde guère d'importance aux fraudes opérées par certains commerçants chinois indélicats, car pour lui les acheteurs savent très bien qu'il s'agit de faux vin, ça les amuse. « Moi-même, ajoute-t-il, j'ai souvent acheté des Rolex à 10 $ pour les donner aux gosses à droite ou à gauche, mais je ne me faisais pas entuber, je savais et ils savaient qu'elles étaient fausses ! En revanche, "c'est plus emmerdant" lorsque dans un restaurant de Chine on vend plusieurs fois la même bouteille de Lafite en la remplissant d'un autre vin, en la rebouchant et en la recapsulant... Par bonheur, les Chinois sont de plus en plus connaisseurs et boivent les grands vins au lieu de les collectionner, de les échanger et de spéculer sur eux comme ils le faisaient il y a trente-cinq ans. Les pauvres bouteilles devaient être complètement claquées. »

Venons-en au sujet qui fascine Éric : les facteurs de l'exceptionnelle délicatesse du vin de Lafite. Dans le bel ouvrage d'Éric Deschodt sur Lafite, avant même d'évoquer l'histoire du château, l'auteur traite en vingt-quatre pages du sous-sol et du sol en inaugurant son propos par un retentissant : « Tout commence ici-bas par la géologie[1]. » C'est avec extase que l'auteur brode sur les vingt-sept mètres d'épaisseur de la nappe de graves günziennes sur laquelle trône Lafite, un peu comme le faisaient naguère les géographes bordelais Henri Enjalbert et René Pijassou. On fait l'impasse sur les constants travaux de drainage réalisés ici depuis le temps des Ségur, comme partout en Médoc. Et puis, en le poussant dans ses retranchements, Éric esquisse un petit graphique qui combine la qualité du terroir en ordonnées et l'effort en abscisses. Plus l'effort grandit, mieux le potentiel qualitatif du terroir peut être révélé. Il admet volontiers que si un propriétaire de grand cru néglige son terroir, il ne produira qu'un médiocre vin. Le choix du personnel est essentiel et, aujourd'hui, on trouve plus facilement un bon œnologue sorti des écoles qu'un bon vigneron. La littérature scientifique œnologique est d'ailleurs bien plus abondante que la littérature viticole. À l'évidence, il répugne à évoquer les techniques vitivinicoles, non qu'il ne s'y intéresse pas, mais, dit-il : « On ne va pas raconter tout cela. C'est la chambre à coucher ! » À propos du bio intégral et de la biodynamie, il éprouve de la curiosité. Il sait que les domaines

1. Éric Deschodt, *Lafite*, Paris, Éditions du Regard, 2009.

entrés dans la nouvelle religion vendent très bien leur vin, tout en ajoutant: « Mais de temps en temps, le vin souffre et pas en raison d'un excès de soufre ! »

En insistant sur la part qu'il attribue au sol et au climat de Lafite par rapport à ses choix et à ceux de l'équipe qu'il dirige, il privilégie sans hésiter le terroir physique, conviction qu'il partage avec la plupart des grands vignerons français, comme avec feu sa cousine Philippine dont il était si complice. Un jour, à table, ils s'amusèrent tous les deux à penser à ce qui arriverait s'ils échangeaient leurs châteaux et ils tombèrent d'accord sur le fait qu'Éric ferait du mouton à Mouton et Philippine du lafite à Lafite. En quelque sorte, la terre ne ment pas… Face à ma moue dubitative, Éric raconte la fin du dialogue. Il susurra à Philippine: « Et puis, je deviendrais expansif, pétulant, voire extravagant… » Et Philippine de lui répondre: « Et moi, je porterais des vêtements troués… » Démonstration est faite à la manière Rothschild: bien sûr le vigneron, l'histoire du domaine et le goût du client font intrinsèquement partie du terroir.

Éric est à la fois un dilettante et un travailleur acharné (« après les nationalisations, on était ruinés et on s'est occupés à refaire fortune. On travaillait beaucoup »), mais sans le montrer, sans y prêter attention, presque sans le faire exprès… Les rois de France passaient chaque jour des heures à chasser et à jouer, mais étaient néanmoins de gros travailleurs. Éric, lui aussi, passe du temps à parcourir les paluds de Pauillac et de l'île de Patiras et à y conduire des travaux d'entretien pour accroître la biodiversité et y faire revenir bécasses, bécassines et sarcelles qu'à l'occasion il ne déteste point aller chasser sur d'autres terres. « Ma femme ne comprend pas que je dise aimer les animaux, alors que j'adore les chasser et les manger ! » Cependant, il respecte sans le montrer l'*industria* de la devise familiale. À l'origine, il était ingénieur. Pour prendre en charge Lafite, il s'est professionnalisé et formé à l'université de Bordeaux auprès d'Émile Peynaud qui était, par ailleurs, conseiller du château, surtout au moment des assemblages. Il se souvient des séances au cours desquelles le professeur au palais d'or assemblait les échantillons, goûtait, corrigeait, revenait sur ses décisions, puis tranchait sans appel et le résultat était parfait. Il arrivait vers le 5 ou 6 janvier ; tout avait été préparé pour lui et il notait les cuvées d'un A (Lafite), B (Carruades) ou C (Pauillac). Depuis, Éric a pris de l'assurance et a dirigé cette opération essentielle jusqu'à l'entrée en scène de Saskia : « J'aime ce moment, déterminant, de l'assemblage où nous construisons le vin de l'année. Chaque cuve est goûtée, analysée, discutée : est-elle grand vin, Carruades ou générique ? Qu'apportera-t-elle à l'ensemble ? Chaque année, il y a des cuves qui nous étonnent par leur qualité et d'autres qui nous déçoivent[1]. » Il ne faut pas oublier qu'il n'y a pas de bordeaux sans l'assemblage qui permet de gommer les différences entre les millésimes et d'imprimer le style maison, c'est-à-dire celui du propriétaire ou, à défaut, de l'œnologue. Les décisions d'Éric n'ont pas été minces depuis 1974 : « Avec le nouveau directeur, Jean Crété, on a accéléré les replantations, analysé et amendé les sols, parcelle par parcelle. Je n'avais pas de mission en tête, sauf celle de redonner à Lafite le lustre qu'il avait perdu. Lorsque je suis arrivé, pour le directeur d'alors, seule la quantité comptait. On ne produisait plus beaucoup de Carruades et de

1. Éric de Rothschild, Préface à Éric Deschodt, *Lafite, op. cit.*

Moulin des Carruades, presque tout le vin allait dans le Lafite, soit 280 000 à 300 000 bouteilles. Un article était même paru dans je ne sais plus quel journal sous le titre "Adieu Lafite"! Cependant, mon oncle ne se plaignait pas, le Carruades se vendait bien dans les restaurants et certains clients naïfs pensaient même qu'il s'agissait de la cuvée de prestige du baron ! »

À deux pas de Lafite, le baron Philippe avait imaginé en 1930 de vendre son deuxième vin sous le nom de Mouton-Cadet, mais le succès venant, il y a progressivement inclus son troisième vin qui était auparavant vendu au négoce sous l'appellation Pauillac, puis du médoc acheté via le négoce et, enfin, du bordeaux générique. La magie du nom de Mouton opère toujours et ce sont désormais plusieurs millions de bouteilles de ce vin qui sont vendues dans le monde. Récemment Saskia et Éric ont décidé de se lancer aussi dans le vin générique d'assemblage. Celui-ci est vendu sous les marques Légende, Saga et Réserve qui représentent un volume moindre que Mouton, mais tout de même de quelques millions de bouteilles désormais. « C'est assez rentable » avoue Éric ; le « R » des domaines « Barons de Rothschild » et le faisceau de flèches, emblème de la famille, y sont clairement visibles sur les étiquettes, mais le nom de Lafite n'est pas galvaudé. Pas plus qu'il ne l'est dans les vins issus des propriétés non bordelaises, Los Vascos au Chili, Bodegas Caro en Argentine et Domaine d'Aussières dans les Corbières : « On essaie de créer des crus élégants avec des méthodes bordelaises. » Il est fier de ces vins produits aux antipodes, mais à la réflexion, il regrette de ne pas avoir acquis dans les années 1980 un ou plusieurs autres domaines bordelais tant les prix lui semblaient astronomiques : « J'ai fait une erreur absolument complète. À Margaux, en 1977,

André Mentzelopoulos a payé le château [77 millions de francs] en vendant une partie des stocks de vin. Il a eu la propriété pour zéro et même un peu moins... » Rieussec est une exception. Éric l'avait acheté pour rien ou presque rien, au moins pour les 85 % de parts vendues par Albert Vuillier en 1984. Quelques années plus tard, ce dernier a vendu les 15 % restants, mais pour le même montant que le premier lot ! Aujourd'hui, ce vin se vend mal. Il faut le servir à l'apéritif ou au dessert et presque tout conditionner en demi-bouteilles. Il faut aussi former les sommeliers des restaurants à le proposer à leurs clients en demi-bouteilles.

Pense-t-il que d'éventuelles dissensions familiales pourraient à Lafite, comme dans tant d'autres propriétés viticoles, entraîner la vente forcée ? « On ne sait jamais, on ne choisit pas sa famille. Napoléon avait répondu au tsar qui l'avait appelé "mon ami" et non "mon frère" par un "Merci ! On choisit ses amis." On y pense beaucoup, certains actionnaires ont une fortune en dehors de Lafite, mais d'autres... » En attendant, les domaines satellites plus ou moins lointains sont des écoles de formation pour le personnel de Lafite : « Rieussec est le laboratoire de Lafite. Charles Chevallier[1] s'est formé à Rieussec où il était très heureux, de même qu'Éric Kohler, l'actuel directeur. Les méthodes à Sauternes sont dix fois plus exigeantes qu'à Pauillac ! De plus à Rieussec, l'avantage, c'est qu'il n'y a pas de château, tandis qu'à Lafite il y a un monument historique qui coûte cher. »

1. Il a travaillé de 1982 à 2015 pour les domaines Barons de Rothschild, dont les cinq premières années à Rieussec.

Dans la bouche d'Éric, le mot qui revient le plus souvent est celui de « gentil ». Au moment de notre joute théologique, je lui demande s'il croit au péché : « Je crois que c'est plus intelligent d'être gentil. C'est tellement plus agréable d'être gentil. On est tellement plus heureux. On voit des gens agacés, méchants et qui, finalement, sont horriblement malheureux. » Comme Éric, le lafite est on ne peut plus gentil et, complices, ils s'épaulent mutuellement dans cet idéal de vie exigeant qui aide tant à cheminer dans la vallée des larmes !

Jean-Robert Pitte
Membre de l'Institut

« Lafite a une âme, une belle âme, tendre et généreuse. Lafite change la terre en rêve. Lafite est harmonie, harmonie entre la nature et l'homme car, sans nos merveilleux vignerons, rien ne se ferait ; mais sans l'exhalation heureuse de cette terre unique, ces équipes ne pourraient briller.

Lafite transforme les personnes qui y travaillent, y séjournent, boivent son vin — voulez-vous que vos amis s'entendent, donnez-leur du lafite. Au troisième verre, ils écouteront, échangeront !

J'aime Lafite. J'aime la précision, la connaissance intuitive et scientifique du travail de la vigne et du vin qui n'est rien sans l'art de l'homme. [...]

J'aime les hommes de Lafite, fiers d'être lafitiens et tous attachés à la propriété autant que je le suis. J'aime nos terres, leur diversité : nos vignes, nos marais à bécassines, nos bois à cèpes, nos jardins, la maison, belle sous sa vieille patine.

J'aime le commerce du lafite et les hommes, négociants et courtiers, avec qui nous le faisons : méthodes archaïques de vente, mais efficaces et qui nécessitent là encore humanité, confiance et longues histoires partagées. »

Éric de Rothschild
Extrait de la préface au livre *Lafite*,
Éditions du Regard, 2009.

ALLOCUTION DE JEAN-ROBERT PITTE, ACADÉMICIEN DU VIN DE BORDEAUX, AU 60E ANNIVERSAIRE DE L'ACADÉMIE DU VIN DE BORDEAUX

« Ce qui fait la richesse culturelle du vin en Europe, en France en particulier, à Bordeaux singulièrement, c'est qu'il est un patrimoine.

Le mot patrimoine vient du latin *pater* et désigne l'héritage des pères [...] qui n'est pas seulement matériel mais spirituel. C'est l'héritage accepté et aimé, qu'on a envie de transmettre après l'avoir valorisé. Ce n'est pas quelque chose qu'on enterre. Il existe dans l'Évangile une très belle parabole à ce sujet ; il ne faut surtout pas enterrer son patrimoine, mais le faire vivre, l'enrichir, lui permettre d'évoluer. La manière de faire le vin qu'on lègue à ses enfants ou ses petits-enfants, quand on est propriétaire d'un domaine, compte beaucoup, mais on n'est qu'un maillon dans une chaîne. Chacun élabore le vin à sa façon, transmet une certaine manière de travailler la vigne, de vinifier et de boire le vin en fonction d'une éthique, d'une clientèle, en fonction de toutes sortes de paramètres extraordinairement complexes. Mais les héritiers ont le devoir de reprendre le flambeau en essayant, si possible, de faire encore mieux. Il faut en être modestement conscient quand on est en situation de léguer.

Quand on possède un Château à Bordeaux avec les vignes qui sont autour, c'est un capital matériel qui se chiffre en

argent, qui peut même être légitimement vendu. Mais c'est aussi un patrimoine culturel et même spirituel, et c'est ce qui fait toute la richesse du vin. C'est même la seule idée qui mériterait d'être aujourd'hui creusée dans le discours que les Français et les Européens tiennent sur le vin [...]
C'est ce mélange intime et harmonieux entre la matière et l'esprit qui fait la richesse du vin comme toute la richesse de la condition humaine. Il n'est jamais sain de choisir l'un au détriment de l'autre [...]

Celui qui arrive vient avec sa propre richesse, et non seulement son investissement, mais sa propre richesse culturelle qui imprimera son style au vin sans que l'esprit de l'appellation soit trahi [...]

Brillat-Savarin écrivait : on devient cuisinier, mais on naît rôtisseur. Je pense qu'on peut devenir vigneron bordelais, propriétaire bordelais. »

Jean-Robert Pitte
La Sorbonne, juin 2008

La famille

par Denise Kenyon-Rouvinez

Le patronyme est omniprésent dans le monde du vin, qui lui-même est une grande famille. Dynasties d'aristocrates, propriétaires terriens, grands ou petits, tous signent leurs productions de leur nom. Les générations se succèdent au gré des alliances, et forment une empreinte pérenne sur les terroirs dont elles sont indissociables. Que serait Pomerol sans les Moueix, l'Alsace sans les Hugel, Sauternes sans les Lur Saluces ou la Toscane sans les Frescobaldi ?

L'entreprise familiale est un objet de fascination pour de nombreux observateurs de l'économie. Denise Kenyon l'a pris pour sujet d'étude. Auteur de nombreux articles et ouvrages sur le family business, elle a développé le département qui lui est consacré au sein d' IMD à Lausanne. C'est à elle que s'adresse le World Economique Forum de Davos quand il s'agit de mettre en lumière le rôle primordial de la famille comme creuset entrepreneurial dans le monde.

Que ce soit en séminaire ou bien en conseil, les familles sont sensibles à l'empathie dont Denise Kenyon fait preuve, apprécient sa capacité à formuler les enjeux des crises qu'elles traversent et à les confronter avec d'autres cas déjà rencontrés.

Il y a un peu de Mata Amritanandamayi chez Denise Kenyon-Rouvinez, en quelque sorte l'Amma des entreprises familiales.

Depuis plus de vingt ans elle embrasse et enseigne cette culture, répond aux questionnements des plus grandes familles d'Europe et du monde, rassure et encourage. Sans doute l'appartenance de Denise Kenyon-Rouvinez à la troisième génération de Rouvinez, une importante famille valaisanne de viticulteurs, a été fondamentale dans son engagement. Bien en aval de Lausanne, où elle réside, nous l'avons invitée le long du Rhône à Ampuis, à la rencontre des Guigal, autres grands passionnés d'entrepreneuriat et de vin, puis à Condrieu. Un bond vers le sud-ouest a permis à notre guru une rencontre au Château de Fargues avec Alexandre de Lur Saluces, représentant de la famille propriétaire pendant un demi-millénaire d'un empire viticole à Sauternes.

C'est donc sous l'angle de la famille que ce chapitre aborde le vin. La production de vin au cœur de la vie et des préoccupations de familles qui dotent en retour le vignoble d'un capital d'authenticité non imitable, de sens et d'une valeur émotionnelle considérable. Pour Denise Kenyon, la famille est tout simplement la meilleure forme de propriété viticole.

Le vin, une affaire de famille

avec la famille Guigal

« Il faut trois années pour qu'une vigne donne du raisin, dix pour qu'il soit digne de devenir du vin et trente pour voir un retour sur investissement dans un vignoble. » Tels sont les mots par lesquels le grand vigneron Marcel Guigal m'accueille à Ampuis. L'art d'élaborer du vin requiert une telle patience qu'il convient parfaitement aux entreprises familiales dans lesquelles une génération se projette dans la suivante et se réjouit de la voir profiter des fruits de son travail. Nombre d'entreprises les plus anciennes et pérennes dans le monde sont familiales. Et beaucoup d'entre elles sont des domaines viticoles. Le monde du vin lui-même remonte à l'Antiquité. Des témoignages archéologiques attestent de la production de vin en Arménie, Iran, Israël des millénaires avant le Christ. Le plus ancien vignoble remonterait à 6000 ans avant notre ère. Et cela reste aujourd'hui un secteur économique prestigieux et prospère.

Cependant il est relativement rare que l'on mette en lumière ce que cette continuité doit aux familles à travers le monde. Grâce à leur efficacité, leur créativité, leur passion et leur résilience, les familles ont fait perdurer l'art viticole et le métier de vigneron dans des traditions millénaires. Des familles ont été propriétaires et ont dirigé des domaines viticoles depuis des siècles. Citons en Toscane les barons Ricasoli, établis en 1141, les marquis Antinori (26 générations) et les marquis de Frescobaldi (700 ans) ; dans la Loire-Atlantique le Château de Goulaine (1 000 ans) et Hugel & Fils en Alsace (1639). Ils font partie des exemples les plus anciens et les plus connus, mais les familles qui réussissent dans le vin sur plusieurs générations sont légion. En voyageant, on rencontre souvent des familles qui sont dans le secteur viticole depuis cinq, six générations, voire plus.

Outre la patience, la gestion d'un vignoble et l'élaboration du vin requièrent du capital. Quand ils ne sont pas la propriété de dynasties familiales, les domaines et marques de vin réputés font l'objet d'investissements privés par des groupes financiers. Ainsi le groupe Carlyle a pris une participation majoritaire dans Cordoniu (68 %), le plus ancien vignoble espagnol appartenant à une famille, fondé en 1551. Des entrepreneurs à succès comme Jack Ma et des familles d'entrepreneurs comme les Arnault et les Pinault en France ont aussi fait des investissements déterminants.

Mon intérêt et ma légitimité pour étudier ce secteur sont doubles. D'une part, j'ai grandi dans une famille de vignerons. J'ai été entourée de vignobles toute ma vie. De l'autre, au cours de ma vie professionnelle, de professeure, de conférencière et d'auteure spécialiste du *family business*, j'ai beaucoup appris sur les qualités que requièrent le succès et la pérennité d'une entreprise familiale, non seulement pour quelques années, mais pour des décennies et même des siècles. Ma recherche, en écrivant ce chapitre, m'a conduite à passer du temps avec les familles de vignerons, certaines d'entre elles ayant prospéré depuis un grand nombre de générations. Si leurs parcours sont variés, ces familles m'ont toutes touchée par leur foi en leur travail, par la profondeur de leurs convictions pour faire prospérer durablement la filière viticole. Millésime après millésime, génération après génération, elles ont dû faire face aux aléas de la nature, du gel à la sécheresse en passant par les maladies, autant qu'aux vicissitudes du marché, aux crises économiques comme aux enjeux politiques. Contre vents et marées, elles ont affronté ces problèmes dans l'unité.

Le métier du vin demande de la passion et de l'expertise, mais aussi du professionnalisme et des compétences entrepreneuriales. Il est autant du côté de la science que du côté de l'art. Un vigneron doué doit composer avec la nature. Le niveau de qualification peut être comparé à celui qu'il faut pour fabriquer une montre suisse. J'ai une admiration immense pour le travail de mes grands-parents, oncles, tantes et cousins. Avec eux, j'ai pris conscience que le monde du vin est bien plus complexe qu'on ne l'imagine. Il est loin de n'être empreint que de traditions et de pratiques agricoles. La recherche scientifique, la compréhension de la géologie et du climat ainsi que la vision artistique sont nécessaires pour élaborer des vins aux arômes complexes et subtils. Au-delà de tout cela, les producteurs de vin font preuve d'humilité. Ils savent bien que, quels que soient la valeur de leur terroir et leur propre talent, ils doivent travailler avec la nature. On ne contrôle jamais le temps qu'il fait. Cependant, les meilleurs d'entre eux savent, même dans des années difficiles, faire naître de grands vins.

Pour réussir dans le monde du vin, les familles doivent faire preuve de nombreuses qualités. La patience donc, jointe à l'humilité, à l'innovation, à l'artisanat, au courage et, bien entendu, la passion. Cet assemblage de qualités permet la résilience de l'organisation qui est à l'origine de la constance dans l'élaboration des vins les plus fins. Il est délicat de le faire perdurer car il comprend des disciplines et des élans qui peuvent paraître paradoxaux. En tout cas, les associer est un défi pour les personnes comme pour les entreprises. Trois combinaisons sortent du lot : passion et patience, humilité et courage, tradition et innovation.

Associer passion et patience

Cette combinaison est peut-être la plus délicate. Elle suppose des disciplines très différentes qui peuvent créer des élans contradictoires. Les vignerons qui réussissent sont des passionnés. Chaque matin ils se lèvent avec le même enthousiasme pour leur métier. Mais, pour de nombreux projets, ils savent qu'ils ne doivent pas attendre des résultats rapides, qu'il est question de plusieurs années. Ils sont préparés à patienter des décennies, en particulier dans le cas des vins les plus raffinés.

La famille Guigal, installée à Ampuis dans la vallée du Rhône, est devenue l'un des producteurs de vins les plus respectés du monde. Elle a reçu le score convoité de 100 points pour plusieurs de ses vins et de ses millésimes de la part de Robert Parker[1], et a obtenu le classement de « Marque de vin la plus admirée au monde » au palmarès 2017 du magazine *Drinks International* parmi les marques françaises. Et pourtant, le fondateur n'a hérité ni du vignoble ni de capitaux. C'est l'histoire rare et instructive d'un entrepreneur qui a réussi dans le monde du vin avec son seul talent, son ambition et sa détermination. Il a pris la décision de viser la haute qualité à une époque où la production de masse était plus rentable, plusieurs

1. Ce critique américain a eu une influence décisive dans les années 1990 à 2010.

décennies avant que la réputation de la région n'atteigne des sommets. Durant tout ce temps, il a maintenu sa passion et son labeur à un niveau très haut. C'est ce qu'il a légué à son fils et à son petit-fils qui lui ont succédé.

Associer humilité et courage

L'humilité consiste à comprendre les limites de sa propre connaissance, de son propre contrôle, à être prêt à apprendre en permanence et à continuer à innover et à développer. Le courage est nécessaire car le retour sur investissement n'est jamais garanti. J'ai rencontré la famille Vernay de la région de Condrieu, toujours dans la vallée du Rhône, qui incarne cette association. Georges Vernay qui a pris la suite de son père Francis en 1953, a décidé de redonner sa place au cépage viognier, qui avait alors presque disparu. Quand il arriva au domaine, il n'y avait plus que 6 hectares de viognier plantés en Condrieu. Il se mit à arracher toute autre vigne et replanta l'ensemble des coteaux avec le cépage sur lequel il concentrait ses efforts. La replantation fut une tâche laborieuse, longue et ingrate. Il fallait que les vignes vieillissent pour obtenir le nectar doré, frais et aromatique qu'il recherchait. Mais il se montra patient, résilient et engagé. Sa détermination paya. Le viognier redevint un grand vin et pas seulement dans le Rhône. Le cépage est aujourd'hui cultivé dans les deux Amériques, nord et sud, en Suisse, en Afrique du Sud, en Nouvelle-Zélande et en Australie.

Le même genre d'histoire d'une association impressionnante entre humilité et courage ressort du cas des Guigal. Le fondateur, Étienne, a travaillé et épargné avec modestie pendant vingt-quatre ans avant de pouvoir devenir propriétaire d'une première vigne. Et il a fait preuve de courage en investissant ses économies pour en faire un domaine florissant. La famille perpétue les mêmes valeurs et continue d'étendre le vignoble, même si le prix du raisin connaît des hauts et des bas et si les impôts restent élevés. Sans se plaindre, toujours en travaillant dur. Ce que peut illustrer la devise des derniers seigneurs du Château d'Ampuis : « Nul bien sans peine » que les Guigal font volontiers leur.

Associer tradition et innovation

On parle souvent de la révolution digitale et d'un monde en mutation constante. Et pourtant, bien qu'il soit vrai que des leaders qui ignorent les risques dus aux changements technologiques perdent leur pertinence, il est tout aussi important de mettre en avant la permanence de certains principes. Le vin, par-dessus tout, repose sur la tradition. Maintenir la haute qualité d'un vin reste la priorité absolue.

Les Guigal excellent dans l'équilibre délicat du respect de la tradition et du flair entrepreneurial. Ils ont maintenu et élevé la qualité de leurs vins de Côte-Rôtie, entre autres, tout en démontrant leur capacité d'innovation, par exemple en déployant des projets de tourisme liés à leur maison.

Un autre champ dans lequel la tradition s'associe à l'innovation est la demande du marché pour les vins dits bio. L'attention des clients pour le respect de l'environnement crée un désir pour des vins produits sans fertilisants chimiques, ni pesticides, ni herbicides. Un retour aux pratiques biologiques délicat et risqué. Marcel Guigal fait partie de ceux qui ont pratiqué très tôt la viticulture bio : « À l'époque, nous étions vus comme des attardés, des rétrogrades. » Cet intérêt pour le refus des produits chimiques est d'une nature cartésienne, une attitude rationnelle et non folklorique. Pour son fils Philippe, travailler en bio est une vision à long terme respectant la plante et son fruit.

Autre exemple dans le voisinage des Guigal. Christine Vernay, la fille de Georges Vernay, le sauveur du viognier, et son mari Paul Amsellem, s'efforcent de faire perdurer la tradition et de réduire la dépendance à la chimie dans leurs pratiques viticoles. C'est un défi d'autant plus audacieux que le viognier est un cépage très favorable au mildiou et à des rendements imprévisibles. Et c'est un défi de tous les jours. Mais sa détermination a été récompensée – non seulement dans le cas du viognier, cépage blanc, mais aussi pour les rouges de Côte-Rôtie.

Les secrets de la réussite

Vingt ans de recherches couvrant toutes sortes de secteurs, des services à l'industrie; et toutes les régions du monde, dans des entreprises de tailles variées, mais aux réussites les plus durables, ont fait ressortir une nécessaire capacité à combiner des compétences apparemment contradictoires. Il y a à présent un corpus de connaissances suffisant pour décrypter la dynamique complexe du succès des entreprises familiales.

Le résultat de ces recherches est l'établissement d'une base de 25 compétences que cultivent les entreprises familiales qui réussissent. Certains de ces critères comme la vision entrepreneuriale et les process rigoureux sont évidents. D'autres le sont moins, comme l'attachement aux valeurs, la solidarité et l'engagement sociétal. Ils sont regroupés en quatre grandes catégories: la réussite durable dans les affaires, la continuité familiale à long terme, la capacité à maintenir l'actionnariat familial et l'activité des entreprises qui réussissent aujourd'hui.

En pratique, les familles doivent être fortes de manière durable dans 80 % de ces compétences, pour faire preuve de robustesse et de succès. Les organisations qui réussissent le mieux cultivent les quatre champs à un même niveau d'excellence. Toutes les familles du vin que j'ai eu l'honneur de rencontrer répondent à la plupart de ces principes. Il est certain que les fondateurs de la Maison Frescobaldi au XIVe siècle reconnaîtraient aussi leur pertinence.

Ces compétences sont aussi présentes dans le cas de familles arrivées plus récemment dans le palmarès des viticulteurs réputés, comme les Guigal dont l'histoire compte « seulement » trois générations. Son territoire est l'un des plus vieux vignobles d'Europe, les Côtes du Rhône, dans le sud-est de la France, le berceau de Châteauneuf-du-Pape et de nombreuses autres étiquettes illustres. C'est le lieu de naissance de l'une des histoires les plus improbables de la période récente, l'ascension d'une entreprise familiale aux débuts modestes.

La Maison Guigal, 70 ans de haute viticulture

Étienne Guigal n'a que 14 ans quand il découvre le village d'Ampuis dans la future appellation côte-rôtie, dans la vallée du Rhône en 1924. Il tombe immédiatement amoureux de ce paysage à couper le souffle de vignobles en terrasses qui surplombent le Rhône. Il est si captivé par sa vibrante luminosité qu'il décide de s'y établir. Il se renseigne pour savoir quelle est la vigne la plus précieuse dans les environs. On lui répond « La Mouline ». Il se promet qu'elle sera sienne un jour.

C'était une ambition hors du commun, étant donné les circonstances. Il était le plus jeune d'une fratrie importante au sein d'une famille pauvre dans la vallée de la Loire. Mais son père croyait dans son intelligence et ses capacités à réussir. À la mort de celui-ci, Étienne quitte la maison de famille pour trouver un emploi et subvenir à ses besoins. Il commence à travailler dans la ligne de production des Aciéries de la Marine dès l'âge le plus tendre et sur dérogation, à 11 ans !

Plus tard, il est embauché comme vigneron par un notaire d'Ampuis, maître Vidal. C'est là qu'il acquiert son bagage en matière de haute viticulture. Il est dévoué et assidu, il a soif d'apprendre et épargne le moindre centime pour réaliser son rêve. Finalement il rassemble assez d'argent pour acheter 10 hectares à Vidal-Fleury, un domaine fondé à Ampuis en 1781. En 1947, il devient son propre patron. Il se concentre sur la haute qualité à une époque où ses confrères et concurrents recherchent le volume et où la main-d'œuvre est rare.

En préparant ce chapitre, j'ai eu le plaisir et l'honneur de visiter la Maison Guigal. Ce fut une opportunité fantastique d'apprendre son histoire et de découvrir une région superbe. En visitant le château d'Ampuis, avec ses mosaïques romaines, ses amphores, et ses vieux outils viticoles, on se trouve comme entouré de symboles de viticulture locale vieux de plus de 2 400 ans.

Les vignobles sont uniques par leurs coteaux raides qui dominent le Rhône. Les terrasses étroites (appelées localement chaillées) et l'exposition idéale au soleil levant confèrent à cette région une beauté sans rivale et aux vins leur singularité. Il est facile de comprendre comment ce lieu a pu capturer l'imagination du jeune Étienne Guigal, presque un siècle plus tôt. Mais voilà, la pente des vignes rend les conditions de travail particulièrement difficiles. Se rendre sur place contribue à rehausser encore l'admiration que l'on peut avoir pour les réalisations de cette famille. Étienne, le vigneron aux 67 millésimes, était totalement engagé pour ses vignes. « Tous les jours, il allait dans la vigne, même le samedi et le dimanche, en vrai terrien. En hiver, il prenait son talkie-walkie pour parer aux éventuels problèmes », raconte son petit-fils Philippe.

La deuxième génération : Marcel et Bernadette

Étienne épouse Marcelle, à l'époque gouvernante au château d'Ampuis, et devient l'heureux père de son seul et unique enfant Marcel, à l'âge de 22 ans. Le destin de la famille connaît un virage dramatique en 1961 quand Étienne perd brutalement la vue. Marcel n'a que 17 ans, loin des 21 ans de la majorité d'alors. Pourtant, il quitte l'école pour rejoindre son père dans l'affaire familiale. Étienne a besoin d'avoir une confiance absolue dans un bras droit pour prolonger son œuvre. Son fils est de loin sa meilleure option.

Marcel possède l'ambition nécessaire pour succéder à son père. Dès l'âge de 11 ans, il avait déclaré vouloir devenir vigneron et négociant en vin. L'héritage qu'Étienne transmet à Marcel est profond. Comme son père, il a dédié sa vie à son entreprise. Il cumule à ce jour près de 60 vendanges. Et il ne prendra jamais sa retraite… Sa devise à lui : « Il faut toujours regarder en haut, pas ses pieds. »

Père et fils avaient une excellente relation. Sur un point cependant, ils n'étaient pas d'accord. Pour Étienne, les vins Guigal devaient être des rouges. Mais la passion de Marcel pour les blancs le pousse à introduire cette couleur dans l'affaire familiale. Les compétences étaient complémentaires. Étienne le fondateur et Marcel l'entrepreneur. Marcel démontre sa capacité à faire croître l'entreprise jusqu'à atteindre une reconnaissance mondiale. Quand il se retrouve à diriger la Maison en 1961, il vend localement les 17 000 bouteilles produites chaque année. Cinq ans plus tard, il devient le propriétaire de la fameuse vigne de « La Mouline » et commence à exporter aux États-Unis.

En 1995, Marcel fait l'acquisition du château d'Ampuis et initie sa restauration. L'état de conservation de la demeure remontant au XIIIe siècle, laisse à désirer. Sa restauration dure onze ans. Le château est aujourd'hui habité par Philippe, son épouse Ève et leurs enfants. D'une génération à l'autre, la relation père-fils (des fils uniques d'ailleurs) est très forte, presque fusionnelle. « Mon fils, mes petits-fils et moi, nous sommes une chaîne », aime rappeler Marcel avec un sourire.

Tout entrepreneur qu'il est, Marcel Guigal n'est jamais resté enfermé dans ses projets de réussite. Pour lui, l'entrepreneuriat va de pair avec l'engagement dans la société. Il a occupé pendant 25 ans des fonctions bénévoles au sein de l'Institut national des appellations d'origine et de la Fédération nationale des exportateurs de vins et de spiritueux.

La troisième génération, Philippe et Ève

À l'âge de 11 ans, Philippe répond à un exercice scolaire : « Quand je serai grand, je veux faire le plus beau métier du monde. » Quand sa maîtresse lui demande ce qu'il entend par là, il répond avec un sourire de fierté : « Comme mon père et mon grand-père, je veux travailler dans le monde du vin. »

Il avoue qu'il a été parfois intimidé par la nature du travail. Petit garçon, il voyait son père et son grand-père faire d'interminables journées de travail, même le week-end. Et tout en le reconnaissant, il réalise avec le recul qu'en dépit de ce travail ardu, durant toutes les années consacrées à leur entreprise, ils gardaient intacte l'étincelle de passion pour les vins qu'ils élaboraient. C'est cette fierté et ce désir inextinguibles qui ont motivé sa décision de prendre leur suite. Il commence vers l'âge de 18 ans, en 1993, à travailler avec son père, et rejoint officiellement la Maison en 1997, après de brillantes études d'œnologie.

Philippe est typiquement un membre de la troisième génération dédiée au travail et à l'entrepreneuriat. Il s'est préparé pour cela. Il a étudié la chimie organique et la biochimie à l'université de Lyon jusqu'à se spécialiser dans l'œnologie, puis il s'est formé à la stratégie du vin. Une fois engagé dans l'aventure familiale, il n'a jamais fait aucun doute qu'il allait apporter une nouvelle dimension à cette entreprise toujours en croissance.

Le rôle des femmes dans la Maison Guigal

Le visage public d'une entreprise familiale, y compris dans le monde du vin, est souvent masculin. Pourtant, les femmes jouent un rôle bien plus étendu que les seules missions domestiques. Chez les Guigal, les épouses de trois générations – Marcelle, Bernadette et Eve — ont eu et continuent d'avoir un rôle crucial dans le développement de l'entreprise. En parlant de sa mère, Marcel dit simplement : « Sans ma mère, il n'y aurait pas eu d'entreprise. Mon père était dehors tous les jours. Et c'est ma mère qui faisait tourner la Maison. Il n'aurait rien pu faire sans elle. » Et à propos de son épouse : « Nous sommes opposés. Elle me permet de garder les pieds sur terre et pourtant nous ne cessons jamais d'argumenter. Sans ses conseils, j'aurais fait encore plus d'erreurs. »

Philippe et Ève, le couple de la troisième génération, forment un partenariat particulièrement serré. Ils s'entretiennent en permanence des affaires autant que de la vie de leur jeune famille. Où qu'ils aillent, ils parlent, ils partagent leurs rêves, ils parlent encore. Ils ne font qu'un. « Nous sommes un couple symbiotique », comme dit Philippe. Travailler en couple dans l'affaire familiale fut une option proposée à Philippe et Ève. Ils y ont beaucoup réfléchi avant de se décider. « Ce que j'aime aujourd'hui, précise Ève, c'est la diversité des tâches et des projets que nous entreprenons. » Parmi ces projets, transformer l'ancienne maison de maître des Vidal à Ampuis pour créer un lieu dédié aux vins de la famille et un musée régional.

L'avenir et la quatrième génération

Les jumeaux de la quatrième génération, Charles et Étienne, sont nés en 2010. Depuis leur plus jeune âge, ils ont montré de l'appétence pour le métier et l'histoire de la famille. Rejoindront-ils un jour la Maison ? Ils sont trop jeunes pour se prononcer. L'affaire est devenue suffisamment importante pour que deux familles puissent en vivre. Cependant ils resteront libres de choisir. En outre, la question des droits de succession se pose. La famille pourra-t-elle transmettre à nouveau à la génération suivante ? Marcel rappelle combien le cas français est un défi pour les viticulteurs. Les prix sont sous pression et les impôts, en particulier les droits de succession, sont élevés. Les Guigal ne manquent ni de ressource pour affronter ce sujet, ni de détermination, ni de capacité de travail. Dans d'autres familles, ce contexte a abouti à la vente du vignoble – ce qui a permis aux Guigal d'acquérir des propriétés et des vignes, étendant ainsi leur domaine par la rénovation et la replantation.

Haute viticulture et grands vins

Depuis qu'il a succédé à son père, le fondateur de la Maison Guigal au début des années 1960, Marcel s'est dédié à la croissance tout en restant engagé dans la haute qualité. Après La Mouline, il a acheté deux autres vignes prestigieuses : La Turque et La Landonne. Ces trois grands vins de Côte-Rôtie sont les joyaux de la couronne. Marcel, puis Philippe à son tour ont ajouté des vignes dans les appellations Condrieu, Saint-Joseph, Hermitage, Crozes-Hermitage et Gigondas, autant de noms fameux et chargés d'histoire. Les cépages dont la famille est devenue spécialiste sont le viognier, la marsanne et la roussanne en blanc, la syrah et le grenache en rouge.

En 2017, l'acquisition du Château de Nalys à Châteauneuf-du-Pape a marqué le début des investissements en dehors du Rhône septentrional. Cette expansion vers le sud a prouvé la croissance de la société qui possède dorénavant des vignes tout le long de la vallée. Le château appartint à la même famille du XVIe au XVIIIe siècle, puis passa dans les mains d'un autre propriétaire pendant sept générations.

Quand on propose aux Guigal ce domaine, Philippe n'est pas du tout convaincu. Il connaît les vins de Nalys et ne voit pas comment ils pourraient s'insérer dans le portefeuille de la famille, étant donné le positionnement sur la haute qualité. Les blancs lui paraissent les plus intéressants, mais il émet des réserves quant aux rouges, que Robert Parker avait qualifiés de « vins de pique-nique ». Néanmoins, en visitant le domaine, Marcel et Philippe ont une heureuse surprise. Ils apprécient la dimension historique des caves, mais ce qui impressionne le plus Philippe est le terroir : « C'est l'un des meilleurs de Châteauneuf-du-Pape ! »

Marcel et Philippe supervisent la croissance externe de la Maison sans lâcher l'objectif de haute qualité, principe fondateur d'Étienne. Grâce à des acquisitions judicieuses, ils sont devenus un acteur-clé. Au total, la Maison Guigal représente aujourd'hui environ 260 hectares de vignobles en propriété.

Les dirigeants extérieurs à la famille

Aucune famille ne peut travailler et croître avec ses seuls membres. Il faut forcément recruter du personnel extérieur à la famille et même des cadres dirigeants de haut calibre. L'acquisition du Château de Nalys a eu pour conséquence le besoin de renforcer le management. Pour compléter une équipe de professionnels, la famille s'est décidée à engager un dirigeant senior extérieur afin d'accompagner Philippe, signe du changement d'envergure de la maison.

Traditions et rituels

Étienne avait établi le rituel d'une dégustation quotidienne que la famille a religieusement pérennisé. Chaque jour à 11 heures, les Guigal descendent en cave pour déguster certains des vins qui y sont élevés par centaines. Ils ont ainsi l'occasion de suivre de près leur évolution. Cette cérémonie était au départ strictement familiale. Elle s'est aujourd'hui ouverte aux cadres extérieurs à la famille et à l'équipe technique.

Nature et viticulture durable

La famille Guigal est reconnue pour son niveau de haute qualité et pour sa déontologie. Elle est de plus en plus consciente de sa responsabilité écologique. C'est dans cette dimension que s'exerce l'engagement de la famille pour la nature et pour la viticulture biologique. Marcel Guigal précise qu'il fait le maximum pour être le plus bio possible. Pragmatiques, les Guigal cultivent leur vigne de manière « raisonnée ». Lorsqu'aucun remède naturel à un parasite ou à un champignon ne peut être utilisé et que ceux-ci mettent en danger la récolte, ils ont recours à des produits chimiques. C'est donc très rarement et uniquement lorsque toutes les options biologiques ont été épuisées. Leur métier est de produire du vin.

Taille et investissement

Le cas Guigal est extrêmement rare dans le monde du vin. En trois générations, la Maison a atteint le sommet des marchés alors que le fondateur était parti d'un contexte modeste. C'est une consécration d'autant plus exceptionnelle que l'élaboration de vin est très capitalistique, faisant appel à des compétences variées, connaissant des aléas liés aux récoltes et des marques faibles. Il est plus courant de voir entrer dans le monde du vin des personnes ou des familles fortunées. Certes, elles partent avec des avantages si on les compare à Étienne Guigal au milieu du XXe siècle. Mais il ne faut pas négliger leur contribution. Ces investisseurs apportent aussi leur passion à ce monde et ils le régénèrent par leurs projets de rénovation et d'innovation.

L'un des premiers vignobles que j'ai visités en préparation de ce chapitre fut le Château Grillet, acquis par la famille Pinault en 2011. C'est l'une des plus petites appellations en France. Une raison qui a sans doute guidé les Pinault dans leur investissement. Château Grillet a une autre particularité : le vin est souvent dégusté à un certain âge alors que la plupart des viogniers de la région sont bus dans leur jeunesse. Le domaine avait appartenu aux Neyret-Gachet qui l'avaient acheté en 1830 et revendu aux Pinault en 2011. Le vignoble avait été quelque peu négligé sur la fin. Des investissements étaient nécessaires pour retrouver le potentiel de haute qualité des vins. Le nouvel acquéreur, ne lésinant sur aucun moyen, a décidé de laisser à la nature le temps nécessaire pour donner des raisins d'excellence. Château-Grillet était très discret ces derniers temps, mais le moment viendra où le nom de son vin résonnera à nouveau. C'est un petit bijou occupant un statut de niche, surtout si on le compare au grand cru de Pauillac acquis par François Pinault en 1993, le Château Latour.

Une autre famille a fait des investissements conséquents dans le vin. Il s'agit du concurrent le plus proche de François Pinault, Bernard Arnault. Il a acquis en 1999 l'une des marques de vin les plus iconiques au monde, le Château d'Yquem. Ce domaine légendaire avait été la propriété de la famille de Lur Saluces depuis 1785. Quatorze générations de cette famille renommée ont élaboré le vin somptueux convoité par tous. Mais, au milieu des années 1990, les investissements exigés allaient bien au-delà des moyens de la famille. L'actionnariat était divisé entre une cinquantaine de membres de la famille. Ils étaient trop nombreux, trop disséminés et trop peu impliqués pour prendre les décisions qui s'imposaient. Les tensions familiales étaient élevées et les dividendes faibles. Quand l'occasion de vendre se présenta, les actionnaires familiaux acceptèrent. Pour Château d'Yquem, ce fut l'opportunité d'une nouvelle impulsion. Depuis, Bernard Arnault a largement fait ses preuves en tant que propriétaire de marque entreprenant, non seulement pour maintenir la magie, mais pour la décupler.

L'art d'élaborer du vin est empreint de mystique. C'est un artisanat ancien, mais qui se perpétue par des innovations continuelles. La capacité à produire une architecture sophistiquée de goût qui charme le palais ne s'apprend qu'avec la patience et l'engagement. Et pourtant, ce métier demande aussi un dur travail physique. Il n'y a pas de raccourci, pas de chemin facile, pas de place pour la complaisance. Le produit est délicat, mais le travail pour l'élaborer est rude.

L'activité est par définition enracinée. Tous les viticulteurs ont une relation intime avec le terroir où naissent leurs vins. À une époque où la conscience environnementale est aiguë, on assiste à une forme de retour aux origines, les viticulteurs rejettent les produits chimiques pour revenir à la culture biologique, comme ils l'auraient pratiquée jadis sur les bords de la Méditerranée. Ceux qui s'occupent au quotidien des vignes ont une relation intime avec la terre et avec les vicissitudes du climat. Ils prennent des décisions à long terme. Ils souhaitent que leurs enfants et leurs petits-enfants héritent non seulement d'un capital et de foncier, mais aussi d'une qualité de vie satisfaisante dans un environnement sain.

Ces valeurs sont partagées par les nombreuses autres entreprises appartenant à des familles que j'ai pu fréquenter et étudier ces vingt dernières années. Les plus engagées d'entre elles se voient comme les dépositaires d'une affaire qu'elles bâtissent, d'une société qu'elles servent et d'un environnement qui leur fournit les ressources dont elles ont besoin. Elles ne considèrent pas qu'elles contrôlent. Elles restent assez sages pour savoir que l'orgueil précède la chute. Elles préfèrent un héritage valorisé à un profit court-termiste. Ce fut un privilège de rencontrer des familles qui comptent parmi les plus importantes du monde du vin, de constater qu'elles respectent des principes qui nous dépassent, non seulement en matière de viticulture, mais en tant qu'entreprises familiales responsables, et de voir combien elles enrichissent les vies de ceux qu'elles touchent.

Denise Kenyon-Rouvinez

HOMMAGE À ÉTIENNE GUIGAL[1], FONDATEUR DE LA MAISON GUIGAL[2]

« Philippe, rappelle-toi ton grand-père qui a vinifié avec passion 67 récoltes. Chaque jour, il descendait à la cave, et toi, enfant, tu aimais tant le suivre en tenant sa pipette et son verre. Il faisait lentement le tour des fûts et des casiers en caressant du regard ces flacons qui triomphent de tous les démons, de la tristesse, de l'ennui et du temps. Sa joie était de faire partager, au plus grand nombre, l'émotion et les plaisirs de la dégustation.

Ton merveilleux grand-père souriait à toutes ces bouteilles et tu pensais : comme il aime sa cave. Hé non, mon fils, c'était nous qu'il aimait, car ces vins rares, élaborés pour qu'ils atteignent une robuste vieillesse, il savait bien, le cher homme, qu'il ne les boirait pas. »

Marcel Guigal

« Chers successeurs,
Personne ne peut regarder vers l'avenir en ignorant le passé. Notre famille a des racines anciennes. Cela peut paraître ambitieux, mais les faits sont là. À l'époque de Dante et de Boccace, les Frescobaldi pratiquaient le commerce et, en particulier, les activités bancaires, quand le florin, sur lequel

1. Marcel Guigual, auteur de cet hommage, est le fils d'Étienne Guigal.
2. Publié sur le site Internet de la Maison.

était gravé l'emblème florentin de la fleur de lys, représentait la première monnaie européenne. Les Frescobaldi prêtaient au roi d'Angleterre et, en retour, collectaient les droits de douane. En Toscane, ils étaient propriétaires terriens.

[...] Sur leurs terres, ils cultivaient les céréales, les fruits et les légumes, et en particulier, la vigne. Le vin issu des vignobles des Frescobaldi avait déjà une large clientèle à Florence. En témoignent les archives de commande de personnalités réputées, y compris des politiques et des artistes. Parce que leur fortune était associée à la terre, les Frescobaldi furent capables de traverser les vicissitudes de l'histoire.

[...] Avec le temps, les Frescobaldi restèrent propriétaires terriens. La valeur de ces terres avait crû au fur et à mesure des besoins de prendre soin d'une famille qui s'agrandissait. À cette époque, les Frescobaldi se muèrent de banquiers et industriels en paysans.

[...] Inutile de préciser que, peu à peu, le produit sur lequel les affaires familiales se concentrèrent fut le vin. Avec le temps, elles s'appuyèrent sur le prestige de son nom, qui se consolida encore et encore. Le vin qui sortait des caves de la famille était déjà, comme on l'a mentionné, célèbre. Il fut cependant nécessaire, non seulement d'en améliorer la production, mais encore d'adapter les méthodes de vente aux conditions nouvelles.

Et voilà précisément le choix décisif qui incombait à la dernière génération de poursuivre, en dépit des circonstances et des difficultés, l'entreprise dont elle avait hérité [...]

Quelle fut leur décision ? Au lieu de se diviser, les trois frères et deux sœurs choisirent de rester unis — sauf en un cas. Ils donnèrent ainsi naissance à une structure entrepreneuriale fondée sur leurs relations de famille, pour éviter le destin subi par d'autres clans de Florence et de Toscane, qui, face aux mêmes conditions, subirent la division et, en conséquence, l'atomisation et l'appauvrissement [...]

L'héritage moral pour les générations futures se situe dans cette relation, bien que brève, de l'histoire de la famille, depuis l'origine et jusqu'au point actuel. Récemment notre famille a connu un succès remarquable. Mais rien ne serait plus faux que de penser que les choix les plus importants, les plus décisifs, ont été faits et que la problématique est résolue une fois pour toutes. D'autres choix et d'autres décisions nous attendent. Le process de transformation du partenariat humain n'est pas terminé. Au contraire, il a plutôt accéléré.

Personne ne sait quels développements l'on va connaître. Pour cette raison, donner des conseils est délicat. Nous ne pouvons qu'espérer que la prochaine génération saura prendre le meilleur de ses prédécesseurs. Cela signifie rester fidèle à l'esprit et aux valeurs qui ont permis à la famille de traverser les périodes troublées. Les valeurs sont l'unité de ses membres et de ses branches, quel que soit leur nombre futur, la prise en compte de la vision et de l'intérêt de chacun, et la reconnaissance de l'importance des compétences au sein de l'entreprise familiale. Voici la lettre, voici le message, voici le legs pour les générations à venir. »

Lettre d'un ancien Frescobaldi aux nouvelles générations
in *Kenyon-Rouvinez* et al. (2002) Sharing wisdom,
building values — Letters from family business owners
to their successors.[1]

1. Traduite par Aurélie Labruyère.

Le temps

par Pierre-Marie Chauvin

On ne présente pas Aubert de Villaine. Ce n'est pas seulement au titre de cogérant du Domaine de la Romanée-Conti qu'il a gagné une place dans l'histoire de la Bourgogne, c'est aussi pour avoir fédéré les énergies politiques et viticoles de la région autour de la notion de « climat » et fait reconnaître celle-ci au patrimoine mondial de l'Unesco[1]. Mais qui sait qu'il est aussi le propriétaire éponyme d'un vignoble à Bouzeron dont il a confié la gestion à son neveu ? Qu'il fut maire de ce village de la côte chalonnaise ? Qu'il a édifié, avec son épouse, un domaine en Californie où chardonnay et pinot noir ont trouvé un nouveau fief ? Par toutes ses actions, Aubert de Villaine aime, promeut et fait rayonner la Bourgogne, sa chère Bourgogne, l'unique Bourgogne dont il est à la fois le fils, le chantre et l'humble desservant.

La rencontre avec Pierre-Marie Chauvin, à l'été 2017, se fit sous le signe d'une commune douceur. Deux hommes qui ont

1. En juillet 2015, après une dizaine d'années de cristallisation de sa candidature, la Bourgogne a obtenu le statut de « Patrimoine mondial » au sein de la catégorie des sites culturels, en même temps que la Champagne. Aubert de Villaine fut le héraut cette candidature.

« des choses à se dire » et à nous dire, réunis rue du Temps-Perdu pour converser sur le temps. Cette rue est l'adresse véritable du Domaine de la Romanée-Conti au cœur du village de Vosne-Romanée. Une bouteille de Romanée-Conti 1957, spécialement sortie de la cave par Aubert de Villaine, a consacré l'instant.

Le jeune vice-doyen de la Sorbonne, docteur en sociologie, à la bibliographie impressionnante, s'est spécialisé dans les questions de réputations. Natif de Bordeaux, il a fait de ce vignoble son terroir d'étude et d'exploration. C'est avec l'inextinguible curiosité des intellectuels qu'il s'est laissé déraciner vers la côte de Nuits pour rencontrer l'un des grands hommes de Bourgogne.

Pierre-Marie Chauvin et Aubert de Villaine interrogent dans ces pages les rythmes nécessaires à la mise en œuvre et à la mise en valeur du vin, devenu légendaire, de la Romanée-Conti. L'action du vigneron, garant du grand vin, face à la tradition, aux accidents de l'histoire et au quotidien ; la permanence et le devenir de ce vin, exprimé comme présence singulière, grâce attestée depuis des siècles, quoiqu'indéfinissable, dont on renouvelle l'expérience mystérieuse ; la multiplication de moments éphémères et précieux. Un mille-feuille de temps sédimenté.

La Romanée-Conti, un vin bien temporel

avec Aubert de Villaine

Le vin, du temps mis en bouteilles ?

Aubert de Villaine est un homme secret, dont la retenue et le silence laissent parfois échapper des signaux subtils : après une heure d'entretien, quand nous pénétrons avec lui dans les caves de la Romanée-Conti, nous sentons qu'il prépare quelque chose. Le moment a pourtant des aspects ordinaires : la découverte des vins de la propriété clôt universellement toute rencontre viticole. Lorsque la propriété s'appelle Romanée-Conti, difficile d'imaginer déguster le vin mythique et étendard, nous nous attendons plutôt à découvrir un vin d'un « climat » proche ou associé.

L'attente dure quelques minutes, mais elle offre déjà un parfum d'histoire : alors que nous demeurons silencieux dans la salle de dégustation, Aubert de Villaine s'isole dans la partie la plus mystérieuse de la cave, où sont stockés les millésimes anciens du Domaine. Sur les étagères où hibernent des bouteilles sans étiquettes trônent de petites ardoises sur lesquelles sont griffonnées manuellement les quantités restantes des différents millésimes. La méthode est artisanale et les chiffres des volumes stockés très faibles. Si la simplicité du dispositif est surprenante, la rareté des bouteilles en dit long sur le mythe. L'ensemble est déconcertant, nous imaginions peut-être des bouteilles sous vitrine ou coffre-fort, cadenassées et reliées à des écrans tactiles indiquant les millésimes, les stocks, les températures... Loin de cette vision luxueuse et technologique, ces bouteilles sont là dans leur plus simple appareil.

Aubert de Villaine revient avec l'un de ces flacons dénudés, dont on ne sait rien : ni étiquette, ni capsule, ni indice. Nous regardons le vin glisser dans le verre, la couleur tuilée indique un âge avancé, le liquide s'aère rapidement, le nez est délicat, et après ces quelques secondes de première approche, nous laissons le vin entrer en bouche, et durer : il ne ressemble à rien de ce que nous avons pu goûter, sa présence est singulière. Il n'est pas dans sa première jeunesse, mais dévoile des promesses du passé, il saisit par son acidité, et surtout par sa longueur en bouche. C'est un 1957 : millésime difficile, mais qui propose une vue de coupe sur ce que peut être l'identité stylistique du Domaine : droit, intense, suave. C'est ce que nous nous disons alors que nous goûtons là nos toutes premières gorgées de Romanée-Conti.

Cette expérience, rare et privilégiée, offre un effet de loupe sur le fait qu'en matière de vins, le temps est omniprésent. L'ouverture d'un grand vin, en particulier celle d'un millésime ancien, laisse échapper des vapeurs de temps. Un millésime ancien allèche les attentes, régale la mémoire, et trouble les anticipations. Pour l'amateur, un grand vin, dans un millésime singulier, peut réveiller une expérience passée de dégustation, et avec elle le souvenir d'un moment, d'une relation, d'une rencontre. Il peut aussi venir subvertir tous les repères, et créer lui-même un sillon mémoriel. À titre personnel, cette dégustation de

Romanée-Conti 1957 constituera certainement un événement mémorable, l'un de ces vecteurs de mémoire qui prend place dans une famille de souvenirs, et joue un rôle de repère. Non seulement pour le contenu du verre, mais aussi pour le voyage temporel qu'il autorise, et le clin d'œil affectif qu'il représente : Aubert de Villaine salue lors de l'ouverture la mémoire de mon père, dont il a croisé la route plusieurs décennies auparavant.

Pour le producteur, un grand vin, dans chaque millésime, se confronte à ses propres promesses, à ce qui se dessinait lors de sa récolte, lors des vinifications et de l'élevage, lors de sa première ouverture, et de ses dégustations successives. Il les surprend ou les suspend, et il esquisse d'autres espoirs, en laissant augurer la suite de son évolution. Les millésimes peuvent résonner et se faire écho par un jeu de comparaisons, chaque année se logeant dans une mémoire les reliant les uns aux autres comme les membres d'une famille, bon gré, mal gré, avec des structures communes et des différences sensibles. Nous avons interrogé Aubert de Villaine au cours de l'entretien à propos de ses millésimes favoris, non pas les meilleurs, mais ceux qui pouvaient prétendre à une place affective, les millésimes qui ont eux-mêmes une histoire, parce qu'ils rappellent une année particulière ou parce qu'ils ont témoigné d'une belle évolution. Nous avions parlé par exemple de certains millésimes des années 1950, qui avaient marqué Aubert de Villaine. Le choix de 1957 lors de notre dégustation est comme le prolongement en actes de cette discussion, il incarne ces millésimes passés qui peuvent surprendre.

Plus généralement, le vin, par sa nature millésimée, n'est-ce pas du temps mis en bouteilles ? Du temps passé, du temps perdu, comme l'indique le nom proustien de la rue bien nommée du Domaine de la Romanée-Conti, du temps retrouvé, le temps d'un souvenir ou d'une dégustation d'un millésime ancien ?

Temps et vins nouent donc des relations intimes. Nous ne cernons évidemment pas tous les enjeux d'une telle relation polyphonique. Notre propos s'appuie sur l'entretien mené avec Aubert de Villaine, copropriétaire et incarnation du Domaine de la Romanée-Conti depuis un demi-siècle. L'entretien est centré sur le temps, et plus particulièrement sur les singularités temporelles du Domaine. Notre échange s'aventure vers d'autres sentiers, notamment les questions du rapport à l'histoire du domaine et du vignoble, celle des pratiques viticoles et de leurs enjeux « environnementaux », ou encore celle de la reconnaissance des climats au patrimoine mondial de l'Unesco... Il est aussi question de « mulch », de potasse et de fumier, d'une vie au ras du sol, d'une vie en deçà du sol aussi, d'une vie du sol également, qui ancrent la Romanée-Conti dans ce qu'il est : un produit d'origine agricole, un produit terrien, devenu éthéré et mythique par l'action du temps et des hommes.

Le choix de ce domaine et de cet homme comme interlocuteurs privilégiés repose sur l'association récurrente, dans le monde du vin, entre le nom mythique de la Romanée-Conti et l'idée même de temps, ou de « non-temps ». Le plus souvent sont évoqués pêle-mêle le « long terme », l'« intemporalité », l'« éternité » du mythe, mais ces termes sont-ils suffisants, et même seulement pertinents, pour parler de ce temps ? Le long terme assurément, l'éternité et l'intemporalité, difficile à dire... Considérer que les grands vins en général et la Romanée Conti en particulier sont « intemporels », n'est-ce pas une facilité de langage ? Respectons l'expression, qui a le mérite de souligner le rapport au temps peu commun de ces vignobles et de ces vins exceptionnels. Le mot figure même en exergue du site internet de la Romanée-Conti, sous la plume de Richard Olney : « C'est comme si les dieux nous avaient laissé en souvenir dans ce carré de terre la trace fascinante d'une perfection intemporelle. »

Nous choisissons ici de contourner l'emploi de ce qualificatif, « intemporel », pour défendre l'argument selon lequel la Romanée-Conti est un vin bien temporel, doté de particularités qu'il s'agit de déchiffrer. Nous suivons la structure de nos échanges avec Aubert de Villaine : nous commençons par évoquer le très long terme de la terre et de la vigne, pour envisager ensuite le temps plus court de la technique et des opérations vitivinicoles, jusqu'au temps plus personnel et biographique qui lie la vie d'Aubert de Villaine à celle du Domaine.

Vignes perpétuelles et possibilité d'une île temporelle

Au commencement était la vigne. Ou plutôt : au commencement était la terre, et la vigne plongea ses racines en elle comme on se plonge dans un verre, lorsqu'il contient des mystères. La temporalité première, mère, nourricière est celle de la terre et celle du « climat » local, selon la terminologie bourguignonne. Le climat est cette alchimie singulière qui apparaît – et qui dure – dans un lieu de vignes. Ce lieu a plusieurs échelles : parcelle ou ensemble de parcelles réunies par un air de famille, et qui fait que la terre n'est pas que la terre : structure, texture, granularité, profondeur, orientation, exposition, relation avec les autres éléments, l'eau, l'air et le feu, relation avec les plants de vigne, relation avec les hommes qui marchent pour la cultiver… évoquer les fondements d'un mythe comme la Romanée-Conti, c'est évoquer le mystère de ses origines, forcément lointaines, et l'énigme d'une permanence rare.

En début d'entretien, Aubert de Villaine se plonge ainsi dans le mythe des origines en liant l'ouverture d'une bouteille à une généalogie terrienne et viticole : « Si l'on ouvre une bouteille de Romanée-Conti, on a affaire à un vin provenant d'une terre qui a produit ce vin-là depuis, disons, autour du XIe, XIIe siècle. Cette terre n'a jamais changé de surface, c'est exactement la même aujourd'hui qu'à cette époque-là, c'est la même qui a été travaillée tous les ans… »

Cette continuité remarquable assure la stabilité du mythe, et même son renforcement progressif, chaque année gagnée étant un diamant de plus ajouté à une cristallisation déjà bien sertie. Cela conduit Aubert de Villaine à considérer ses vignes comme « perpétuelles », nous y reviendrons. Cependant, cette continuité n'est ni pure ni parfaite, la perfection temporelle laissant plutôt la place à la possibilité d'une rupture ponctuelle, d'une parenthèse incertaine, voire d'une île temporelle mystérieuse : « On ne sait pas, mais il y a peut-être une période où la vigne a été abandonnée… au XIVe siècle… On ne sait pas très bien, mais c'est possible. Malgré tout, on peut dire que c'est un terroir qui a été perpétuellement travaillé pour faire du vin, donc qui a porté la vigne pendant des siècles et des siècles, et qui produit un vin auquel on demande aussi de vieillir, et d'être porteur de temps. »

L'île temporelle ajoute au mythe le mystère de son interruption hypothétique, temporaire, mais vaincue, car la vigne a bien repris ses droits depuis ce XIVe siècle énigmatique. La temporalité pluriséculaire de la terre constitue donc la matrice temporelle du domaine. La vigne de la Romanée-Conti plonge ses racines dans ce passé lointain, mais c'est aussi une vigne du XXe siècle, marquée par la crise du phylloxera, l'arrachage des ceps à partir de 1945 et la replantation progressive dans l'immédiat après-guerre.

Cet épisode est à la fois une rupture par rapport à la continuité précitée, avec un purgatoire de six millésimes sans vin produit, et un acte de renaissance de la Romanée-Conti à partir du millésime 1952 : « Le phylloxera a complètement transformé les choses car, avant lui, la vigne était quasiment perpétuelle, elle était perpétuée par provignage… on faisait un petit trou au pied du cep, on courbait le cep dedans et on laissait repartir, on redémarrait un, deux ou trois nouveaux pieds par les sarments. Il y avait non seulement une perpétuation de la vigne pendant des siècles, mais le cep lui-même qui pourrissait dans le sol, faisait un apport aussi intéressant. Quand on a arraché la vigne de la Romanée-Conti en 1945 – malheureusement il n'y a plus de témoin, et j'ai moi-même pu parler avec un seul témoin qui n'avait pas beaucoup de souvenirs –, il n'y avait pas de photos, pas de traces, mais le témoin, qui était notre ancien chef de cave Bernard Noblet, avait observé dans le sol un mulch d'un mètre de profondeur à peu près, fait de ceps en décomposition, de racines en décomposition, le tout aggloméré avec la terre bien sûr. Et on se demandait toujours pourquoi les premiers Romanée-Conti mis en bouteille, 1952, 1953, 1954, étaient des vins qui avaient formidablement tenu. J'ai goûté récemment le 1952 qui avait été produit par une vigne de cinq ans. Je l'ai goûté aux États-Unis, et le vin était toujours vivant et très beau. Cela rejoint votre idée de temporalité, parce qu'on se demandait pourquoi. Et l'idée de Bernard Noblet qui n'était pas du tout scientifique, c'était de dire que la nouvelle vigne avait puisé dans ce « mulch », là où elle avait été plantée, des substances qui lui ont permis, même en tant que jeune vin, de se nourrir de cette très vieille vigne, qui lorsqu'elle avait été arrachée en 1945 avait peut-être trois cents ou quatre cents ans d'existence, voire plus, puisqu'elle avait été perpétuée par provignage. »

Nous observons ainsi qu'en deçà des vignes très jeunes peut apparaître un temps de plus long terme, à travers la relation vigne-sol. Si l'ancienne vigne a disparu, Aubert de Villaine parle d'une forme de « transmission, de la vigne provignée, ancienne, à la nouvelle, une transmission qui s'est traduite par des vins qui ont une tenue totalement sans équivalent pour des vins aussi jeunes ». Une vigne d'un passé lointain vient nourrir et habiter une vigne d'un passé plus récent. Le vin des années 1950 issu de cette rencontre souterraine est le produit et le symbole des échanges sur et sous terre.

Ce vin, lorsqu'il est goûté aujourd'hui, comporte une profondeur d'âme temporelle, à travers ces liens entre les vignes successives, qui font coexister différents passés. Le présent du vin n'est-ce pas d'abord cette convocation de plusieurs passés, inhérents au vin, aux vignes et aux terres dont il est le fruit ? Le mille-feuille temporel présent dans une bouteille, un verre, une gorgée de la Romanée-Conti, prend forme, feuilletage de vignes enlacées par des relations discrètes dans des terres hospitalières et bienveillantes.

Temporalités techniques et conversion progressive en bio(dynamie)

Le feuilletage temporel du Domaine ne repose pas uniquement sur le temps naturel de la terre et de la vigne, il est également constitué par les temporalités techniques : évolutions, modes, « progrès technique », mais aussi transmissions. Les techniques, à la vigne comme au chai, se transmettent rarement de manière écrite et formalisée, mais plutôt de manière orale. Nous l'avons vu avec le récit d'Aubert de Villaine à propos du « mulch » découvert lors de l'arrachage de vignes en 1945, sans témoin vivant permettant d'en faire le récit aujourd'hui. Dans le monde paysan plus qu'ailleurs, l'oralité compte, et la transmission des techniques passe souvent par ce canal. Le témoignage d'Aubert de Villaine, présent au domaine depuis une cinquantaine d'années, permet de participer à ce travail de transmission. Comme toute mémoire, ce récit est évidemment une sélection du passé, réinterprété à l'aune du présent.

La narration technique que fait spontanément Aubert de Villaine commence par la question de l'usage de certains produits potentiellement toxiques (potasse, sulfure de carbone, solvants) et ce récit débute par une singularité : la résistance à la potasse, dont l'usage était systématique dans la plupart des vignobles des années 1950. « Je n'étais pas aux manettes du domaine à l'époque, mais ça ne paraissait pas nécessaire de faire des apports de potasse. Mon père m'avait quand même dit qu'ils avaient dû résister, parce que les ingénieurs qui conseillaient à l'époque disaient : "il faut en mettre". Chez nous, on avait bien ancré dans nos façons de faire que ce n'était pas nécessaire et que si on ne demandait pas à la vigne plus que ce qu'elle pouvait donner, le sol apportait quasiment ce qui était nécessaire, comme dans une forêt en fait, où on n'a pas besoin de faire d'apport. Malgré tout, la conjonction d'un marché qui commençait à se dessiner, des produits qui permettaient de mieux défendre les raisins contre les maladies, nous ont amenés aussi à apporter plus de fumure, et à essayer de faire des productions plus raisonnables économiquement que ce que produisait la vigne provignée. Avec elle, quand on avait 20 hectolitres par hectare c'était vraiment de très très gros rendements. Généralement c'était plutôt 12, 13, 14 hectolitres par hectare, il fallait traiter le sol au sulfure de carbone plusieurs fois par an, c'était un travail énorme. D'ailleurs, cette vigne traitée au sulfure de carbone a produit jusqu'en 1945 des vins extraordinaires, mais c'était dû probablement à ces petits rendements. »

Cet extrait souligne l'originalité de l'évitement de la potasse, contre les injonctions des ingénieurs, conseillers et pouvoirs publics des années 1950, qui y voyaient un gage de productivité et de prospérité. Il montre également l'attention des responsables du cru à l'égard de la vigne et de son équilibre, ne voulant pas participer à une course au rendement au détriment de la qualité du raisin et de la santé des plants (les rendements cités sont faibles).

Cependant, nul angélisme rétrospectif dans le discours d'Aubert de Villaine : celui-ci note que le contexte marchand et la volonté de ne pas trop limiter les rendements ont pu conduire les propriétaires à utiliser un solvant destiné à protéger les vignes contre le phylloxera, l'un de leurs principaux ennemis – avec le mildiou et l'oïdium. Les produits chimiques étaient considérés de manière consensuelle « comme plus efficaces que tout ce qui était connu jusque-là ». Aubert de Villaine le concède : « On les a utilisés comme tout le monde, et c'est après, petit à petit, qu'on est allés vers le bio… »

La deuxième étape du récit expose cette transition environnementale pionnière et progressive. Deux façons communes sont souvent utilisées pour décrire les conversions, qu'elles soient religieuses ou techniques :
– l'argument de l'illumination, foudre ou révélation tombant sur un individu soudainement convaincu de la nécessité de croire ;
– l'argument de l'air du temps, qui agirait sur des convertis plus moutonniers que précurseurs.

En matière de temporalités peut-être encore plus qu'ailleurs, les raisonnements excessifs ne sont pas les plus pertinents. Réduire une conversion à un événement court, bref, voire aussi bref qu'un souffle ou qu'une révélation, ou l'écraser sous le joug de l'air du temps, voilà deux façons bien pauvres de rendre compte des processus de conversions. Pour éviter ces visions caricaturales, nous pouvons nous appuyer sur ce récit personnel, et essayer de dégager les différentes temporalités qui ont agi en faveur de la conversion environnementale. Nous verrons par ce témoignage combien la notion de « décision », considérée comme un instant T où advient un calcul coût-avantage, est inadéquate pour désigner ce type de transition. Celle-ci est plutôt le fruit d'une sédimentation, avec certes des points d'inflexion, et des petites décisions qui s'accumulent, mais qui ne créent pas « une année zéro » à partir de laquelle tout s'explique et se déroule.

Plus concrètement, Aubert de Villaine identifie la genèse de cette conversion dans les expérimentations faites au sein de son exploitation personnelle et celle de la copropriétaire du Domaine (Lalou Bize-Leroy), qui ont ainsi fonctionné comme des « laboratoires naturels » pour le Domaine plus prestigieux. « Dans mon exploitation à Bouzeron, j'ai commencé à être en bio en 1981, 1982... Et mon associée, Lalou Bize-Leroy, dans sa ferme, s'est rendu compte que ses vaches étaient malades, etc., et c'est la conversion en bio qui a permis à cette ferme de se rétablir... donc ce sont des éléments comme ça qui nous ont donné envie de convertir le vignoble ici aussi. On a décidé de se mettre en bio en 1986. »

Deuxième strate temporelle : il explique avoir été convaincu par un vendeur de produits biologiques de participer à un séminaire sur les alternatives aux produits phytosanitaires. C'est l'événement déclencheur, mais l'argument de fond était déjà là, la santé au travail des employés viticoles : « On était extrêmement ennuyés d'envoyer des gens dans les vignes, de traiter avec des produits, qui, on le voyait, étaient néfastes et avaient des effets sur la santé. Ça se voyait... Moi c'était d'abord et surtout pour la santé humaine, je dirais. Ça m'a fait aller assez vite vers le bio, puis vers la biodynamie. Les gens qui passent directement du conventionnel à la biodynamie voient une différence rapide et très forte entre les vignes avant et après, tandis que quand on est passés en bio d'abord, on ne voit pratiquement pas de différence avec la biodynamie, au niveau visuel, au niveau du sol, il y a très peu de différences... »

Résumons le processus : les racines de la décision plongent dans une sensibilité particulière à l'égard de la santé des travailleurs, les expérimentations dans son propre « petit » vignoble confirment les intuitions sur la santé des vignes et la qualité des raisins, et une rencontre avec un marchand de produits biologiques ouvre un horizon de pratiques alternatives. Ainsi peut se déployer la conversion, d'abord en agriculture biologique, puis en biodynamie, celle-ci n'étant que le direct prolongement de la première.

La conversion fait également intervenir un rapport à l'avenir, positif à long terme (argument de la pérennité des terres et des vignes), plus anxiogène à court terme (risque de perte de récolte). Ce risque, souvent évoqué par les viticulteurs à propos de l'agriculture biologique, est moins important aux yeux d'Aubert de Villaine que ses « rêves du vigneron » et, plus prosaïquement, ces éventuelles pertes peuvent être utiles au bon équilibre de la vigne : « Vous savez, tout ce qu'on décide comme ça, ce sont des choses qui mûrissent… et puis, si on commençait à penser aux conséquences, oh là là, il va se passer ceci, il va se passer cela, etc., on ne le ferait peut-être pas. Vous connaissez cette phrase : "Ce qui pèse dans l'homme ce sont ses rêves." Tout ce que l'on fait d'important, c'est à partir de rêves, si l'on peut dire, et dans les rêves, on ne pense pas aux conséquences. Quand on passe au bio, on sait très bien que l'on va perdre un peu de récolte, même si on défend la vigne aussi bien qu'on peut, avec les produits autorisés, on va quand même avoir des attaques de mildiou et d'oïdium dans les années difficiles, et de botrytis surtout. Et on découvre aussi, ça je ne le savais pas et je l'ai découvert, que ces attaques que l'on subit en étant en bio ou en biodynamie, ce sont des attaques que l'on peut qualifier de qualitatives, parce qu'elles produisent un certain éclaircissage de la récolte, qui met cette récolte en phase avec le millésime. Avec des produits conventionnels, vous pouvez porter votre récolte du début à la fin, quasiment intacte, si vous travaillez tout le temps, mais vous allez faire un vin qui va être totalement hors adéquation avec le millésime, tandis que les attaques que l'on peut subir quand on est en bio ou en biodynamie sont des attaques que je considère comme qualitatives, notamment en botrytis par exemple. »

Selon Aubert de Villaine, les attaques de maladies ont favorisé une forme de sélection fonctionnelle pour la vigne et le vin millésimé. Le passage en bio a ainsi permis des découvertes sur la dynamique de la plante et l'harmonie du vin et du millésime. Cette idée d'un « laisser-faire » contrôlé de la nature, d'une harmonie entre les décisions de l'homme et les cycles des millésimes est importante dans les discours des partisans de la biodynamie. La confiance dans les vertus de la nature est aussi une confiance dans le temps, contre-intuitive si l'on en reste aux visions catastrophistes de l'écologie politique.

Au regard de ces éléments, nous comprenons que cette conversion répond plus à un processus itératif d'expérimentations et de découvertes qu'à une « illumination », et elle n'est pas non plus la lubie d'un homme isolé. Outre le partage de cette orientation avec Lalou Bize-Leroy, elle-même porteuse d'une biodynamie plus « philosophique », selon les propres mots d'Aubert de Villaine, cette conversion a pu entraîner un mouvement d'autres conversions… mais pas nécessairement là où on les attendait. La géopolitique des conversions en bio n'est pas vraiment au bénéfice des puissants : « Les régions les plus économiquement gâtées sont les régions les plus réticentes à passer vers ce genre de choses. C'est quelque chose que j'ai bien noté, et qui m'a beaucoup surpris. Le bio a progressé bien plus rapidement en Côte chalonnaise qu'en Côte d'Or. Je pense que les régions les plus gâtées – je prends ce terme pour simplifier –, où les vins se vendent le mieux, sont les régions où les hommes ont le moins le sentiment de l'histoire, de l'histoire qui est derrière eux, et ont le plus sentiment que ce sont eux qui ont tout fait. Au contraire, ils devraient se dire, j'ai une longue histoire, j'ai une responsabilité vis-à-vis de cette histoire et de cette culture. »

Il s'agit là d'une dimension temporelle importante : produire du vin engage dans le temps, en raison de la temporalité longue de la vigne, celle sans limite de la terre, et en raison de la fragilité de cet écosystème. La conversion à l'agriculture biologique, affichée ou discrète, est une façon privilégiée d'honorer cet engagement, et s'inscrit dans le prolongement de l'héritage collectif des grands vignobles français : celui du terroir – ou « climat » en langage bourguignon. La bio et la biodynamie, dans leurs infinies variations, ne sont-elles pas des façons particulières de puiser et de jouer avec ce répertoire collectif du terroir ? Aubert de Villaine est de cet avis, et soutient également que ce « sens de l'histoire » a d'ailleurs été le sens de son engagement pour l'inscription des climats bourguignons au patrimoine mondial de l'Unesco. Plus précisément, il s'agissait là pour lui d'essayer de « faire changer les états d'esprit dans une partie de la Côte ». On entend parfois que le risque des opérations de patrimonialisation de type Unesco c'est de figer les choses… paradoxe subtil soulevé ici par notre interlocuteur : c'est par volonté de changement qu'il s'est engagé pour cette reconnaissance, contre « l'état d'esprit patrimonial, mais patrimonial dans le mauvais sens. Dans le sens "on ne change rien". On ne change rien, notamment en traitant nos vignes avec des produits chimiques, comme si c'était la tradition ». Par cette action collective, l'expérience du temps s'enrichit, invitant tous les acteurs de la communauté productive à éprouver ce sentiment de l'histoire, à abandonner l'arrogance du présent pour se sentir être le maillon d'une chaîne traversant les âges. « Je suis persuadé qu'être en bio ou en biodynamie est un moyen, vis-à-vis de la culture de la vigne, de rester fidèle à cette histoire. »

On comprend ici que la transition vers la biodynamie est une étape supplémentaire perçue dans la continuité des précédentes. Le petit point d'inflexion, c'est la rencontre de Nicolas Joly, propriétaire de la Coulée de Serrant, figure centrale de la biodynamie spirituelle ou « philosophique », pour reprendre le terme d'Aubert de Villaine également. Cependant, lorsqu'on lui demande si cela s'est passé sous la forme d'une transmission explicite et personnalisée, Aubert de Villaine est plus nuancé : « Voilà, alors, initier c'est beaucoup dire parce que Nicolas, que j'aime beaucoup… il n'est pas très concret si vous voulez. Non, j'ai eu quelqu'un qui s'appelait Pierre Masson. Et j'ai eu pas mal de visites, par l'intermédiaire de Nicolas Joly d'ailleurs, d'un Russe australien qui s'appelle Topolinsky, qui est venu plusieurs fois et qui nous a apporté pas mal d'éléments. Mais vous savez, la biodynamie, ça se construit un peu tout seul ! Il y a des éléments de base, les fameuses préparations de Steiner, et en dehors de ça, il faut un peu se faire sa philosophie soi-même. Nous on fait de la biodynamie dans un esprit de cultivateurs si vous voulez. »

Cette conversion en agriculture biologique en 1986, suivie par une conversion en biodynamie, d'abord sur 6 hectares, puis sur la totalité des vignes, s'est accompagnée d'autres initiatives respectueuses du sol, comme l'utilisation du cheval de trait.

Dans ce cadre, difficile d'imputer la causalité à telle conversion, telle pratique, pour expliquer la bonne santé des vignes, leur vigueur, ou la qualité des raisins. Si Aubert de Villaine a vu évoluer ses vignes au cours de ces dernières décennies, attribuer telle évolution au bio ou à la biodynamie paraît osé tant les facteurs sont enchevêtrés. Ce qui caractérise ces conversions, c'est plutôt l'attention accordée au sol et aux vignes, le souci du détail, et la recherche permanente de solutions cohérentes avec ce qui est déjà entrepris : « Bon, il y a quelque chose qui s'est inscrit aussi à côté de l'agriculture biologique et de la biodynamie, c'est que j'ai décidé de faire quelques hectares avec un cheval. Je ne me souviens plus exactement à quelle date, on a fait 6 à 7 hectares au cheval, c'était les mêmes hectares que ce qu'on a fait en biodynamie. Pourquoi on a essayé le cheval ? C'est parce qu'on a essayé d'éviter la compaction, et il aurait été ridicule de faire labourer au cheval, et de faire passer juste après un gros tracteur pour traiter. Donc ça nous a obligés à rechercher des tracteurs très légers. Et alors, ce qu'on a finalement trouvé, c'est qu'on a fait faire un tracteur pour nous. Mais ce tracteur léger qu'on utilisait pour la partie au cheval, est devenu le tracteur ou les tracteurs qu'on utilise pour tout le domaine. Donc, grâce à ce travail au cheval, on a gagné cette obligation de trouver des tracteurs légers… et ça c'est important parce que le sol est différent après le passage de tracteurs légers. Les progrès que l'on constate sur le sol sont liés à la fois au cheval, aux tracteurs légers, et à tout le reste… »

Considérer les conversions successives comme des « années zéro » de la production vitivinicole est absurde. Les conversions ne sont pas des épisodes instantanés modifiant du jour au lendemain la trajectoire productive, elles sont des petits pas qui entrent en résonance avec les autres décisions prises au sein du domaine, et font basculer de manière progressive les différentes pratiques. Le temps du Domaine est ainsi un temps doux et silencieux, et non un temps de ruptures et de discontinuités bruyantes.

Le même faisceau de causalités multiples apparaît à propos du système de défense des vignes : « C'est très difficile d'en parler parce qu'en même temps que nous faisions ça, j'ai commencé il y a très longtemps, à partir de 80 à peu près, un travail de sélection de matériel végétal. On avait la chance au domaine d'avoir une base très riche, parce que toutes les vignes du domaine avaient été reconstituées après le phylloxera avec des greffons pris sur la Romanée-Conti, qui avaient été conservés jusqu'en 1945. Toutes les vignes qui ont été replantées jusqu'en 1945 l'ont été avec des greffons pris sur la Romanée-Conti. Et la replantation après, avait été beaucoup moins bien faite. On a pris des greffons un peu sans faire vraiment attention, etc. Ce que j'ai voulu, c'est revenir à des replantations où l'on n'utilise que des types très fins, typiques de l'ancienne Romanée-Conti. Donc on a été chercher dans les vieilles vignes qui restaient ces types de greffons, qui produisent des petits raisins, assez lâches, pas trop de contacts, et qui sont donc beaucoup moins sensibles, et notamment au botrytis. Au final, est-ce que c'est la vigne qui a amélioré le *self-défense* ou ce matériel végétal très fin qui permet de se défendre mieux ? Les deux probablement… Moi, si vous voulez, ce que je trouve dans la biologie et la biodynamie, ce que ça nous a apporté, c'est quelque chose dans les vins que j'ai beaucoup de mal à caractériser, c'est… je ne trouve pas d'autre mot que "une finesse de maturité". Pas plus de maturité, pas plus de sucre, d'acidité, etc., mais une finesse de maturité qui est due à beaucoup de choses. Elle est due à une date de vendange qui est peut-être encore mieux décidée, à la finesse des plants, mais elle est là et elle permet une transparence vis-à-vis du terroir, vis-à-vis du climat, qui est bien meilleure qu'avant. »

Finesse de maturité et transparence du climat, voilà donc les résultats probables, aux causalités plurielles et incertaines, de tout ce qui a été entrepris au domaine en matière viticole, que nous avons maladroitement résumé sous les termes de « conversion environnementale ». Synthétiser tout cela est évidemment difficile, et Aubert de Villaine s'excusera presque de ses réponses très fines à nos questions schématiques : « C'est compliqué parce que toutes les questions que vous me posez n'ont pas de réponse unique. » Chercher en sciences humaines, ce n'est pas courir vers des réponses uniques, mais s'engager sur des sentiers pluriels et tenter de les relier, sans forcer leur cours. S'attaquer à la question du temps, c'est déplier l'événement (par exemple la conversion ou la dégustation...) pour l'inscrire dans le feuilletage de temporalités qui le rendent possible.

« L'entrée » en Romanée-Conti ou comment naît un certain sens de l'histoire

Comment s'acquiert donc ce sens de l'environnement et de l'histoire ? Comment entre-t-on en Romanée-Conti en tant qu'héritier avec cet esprit de responsabilité environnementale alors que l'on pourrait se reposer sur ses acquis, et faire ronronner une rente de situation viticole ?

Cette question et les propos de notre hôte nous ont fait penser au cours de l'entretien à des auteurs peu conservateurs,

Marx en tête, selon lequel la terre hérite de l'héritier qui en hérite… la question fut posée à Aubert de Villaine : comment se fait-il que lui, en tant que personne singulière en (co-)héritant de cette terre, lui personnellement, ait été sensible à ce souci d'honorer l'histoire ? « Pour moi, le point de départ a été le moment où je suis arrivé au domaine pour y travailler. Presque au même moment, on a eu un procès avec une coopérative du Midi, qui vendait en Allemagne de très grandes quantités de vins sous le nom de « Rémanée ». Alors, mon père et M. Leroy, son associé à l'époque, avaient décidé de faire un procès à cette société pour les empêcher de vendre ce vin sous le nom de Rémanée. Et ils m'ont chargé de nourrir d'éléments l'avocat qui avait été choisi. Cela m'a donc fait aller consulter les Archives nationales à propos du prince de Conti, et les Archives départementales, où j'ai trouvé une richesse formidable d'éléments sur l'histoire de la Romanée-Conti, de la Bourgogne. C'est là que j'ai mesuré cette dimension historique, et qu'après ça, j'ai essayé de creuser, ce qui a abouti un peu dans le livre de Richard Olney sur la Romanée-Conti, qu'il a écrit avec le matériau que je lui ai apporté. »

C'est donc l'accident contingent d'un procès pour défendre le nom de la Romanée-Conti qui a été l'accélérateur de particules historiques pour Aubert de Villaine. Le travail sur archives et l'enquête sur les origines lui ont permis de s'approprier personnellement l'histoire du domaine entre 1968 et 1972, avant d'en assumer la gérance, et de consolider probablement ce sens de l'histoire, qui était déjà bien présent dans l'univers familial : « Les propriétaires du domaine, comme mon grand-père par exemple, avaient un sentiment très fort de l'histoire du domaine, de la tradition, de ce qu'il représentait, mais ils n'avaient pas les éléments. Ils avaient les éléments folkloriques qui sortaient des livres qui avaient été consacrés à la Bourgogne, où la Romanée-Conti était décrite de manière un peu légendaire, comme ça avec des histoires, et suite au travail que j'ai fait, je me rappelle de leur bonheur... parce que l'histoire a été débarrassée de tout ce folklore, et la réalité s'est avérée beaucoup plus intéressante que le folklore. »

En dehors de ce moment-là, et du livre de Richard Olney, nul écrit personnel ou familial n'a ajouté de nouvelle pièce à cette histoire écrite. Par manque de temps plus que par manque d'envie, témoigne Aubert de Villaine : « J'ai été pendant des années vigneron-vigneron, alors je n'avais pas beaucoup de temps pour faire autre chose. » Aujourd'hui, il oscille entre le désir de transmettre et la volonté de ne pas fermer les horizons à ses successeurs :

« Écrire tout cela, c'est intéressant pour moi, j'essaierai sûrement de mettre noir sur blanc mon expérience, mais il ne faut surtout pas essayer de dire à mon successeur "alors il faut faire comme ça", surtout pas. Il faut le laisser éventuellement faire des erreurs même, et le laisser faire sa propre philosophie, c'est très important. C'est incroyable, car quand je regarde les 50 ans parcourus, je suis arrivé au domaine en 1965, 66, je ne sais plus, et quand je vois tout ce qui s'est passé, si ceux d'avant m'avaient dit "il faut faire comme ça", ça aurait été très mauvais... »

Le temps du domaine n'est donc pas une pure continuité ni une série de périodes qui ne se touchent pas. Du côté de la continuité, la durée terrienne, l'âge des vignes, la mémoire des millésimes anciens, l'épaisseur historique du mythe confèrent une force de rappel aux futurs acteurs de la propriété. Mais ce poids de l'histoire, ces vignes du passé qui parleront à leur oreille le feront sous le registre de la suggestion délicate plutôt que de l'impératif catégorique. Libre à eux de jouer avec ce répertoire commun en déployant leurs solos millésimés. Les millésimes sont déjà, par nature, des petites discontinuités. La soumission à l'aléa météorologique crée les conditions d'émergence de la surprise et, plus rarement, de la déception. Les millésimes ne sont pourtant pas des parenthèses refermées sur elles-mêmes, mais des petites discontinuités en devenir, ouvertes à l'interprétation, tant ils peuvent évoluer au gré des temporalités intrinsèques des vins, des situations, et des dégustateurs.

Le vin, présence et singularité

Dans cette conversation consacrée au vin et au temps, le vin est le cœur du sujet, pourrait-on dire… Et pourtant, c'est l'élément le plus difficile à mettre en mots, sauf à le réduire à une succession d'arômes. Dans plusieurs textes et interviews, Aubert de Villaine affirme vouloir exprimer la personnalité de chaque millésime du domaine. Mais, en se situant à plus long terme et en réfléchissant à l'identité de la Romanée-Conti sur l'ensemble des millésimes produits, quel est l'air de famille entre les différentes années ? Qu'est-ce qui fait donc la singularité de ce vin à travers le temps ? À cette question décisive, Aubert de Villaine répond d'abord par un silence, le plus long de l'interview, un silence de cinq longues secondes, une éternité… dans ce contexte le terme est adéquat ! Puis il tentera de répondre à tâtons : « C'est difficile hein… je pense que, je pense que… je vois des… je déguste parfois avec des vrais connaisseurs, des gens qui ont dégusté beaucoup de vins du domaine, qui sont extérieurs au domaine et qui en ont dégusté beaucoup et qui me disent “Ah ça, ça pue le domaine”! »

Résumer ainsi des bouteilles mythiques a le mérite de l’évidence et de la décontraction, mais si l’on cherche à creuser cette identité, cette singularité, comment la mettre en mots?

« Je pense que c’est… quelque chose où il y a des… (silence de trois secondes). Si vous voulez, c’est très difficile, je ne vais pas vous dire, il y a un peu de réglisse, il y a du cuir, il y a de la menthe, il y a différents éléments comme cela… qu’on retrouve à chaque millésime. »

Effectivement, quand on pose la question de l’essence du vin, quand on commence à la décrire avec des qualificatifs, c’est forcément quelque chose d’un peu secondaire, dérivé, réducteur… donc comment parler du vin autrement qu’en évoquant ces quelques arômes typiques? Est-ce une tâche impossible? « C’est très difficile, on entre là dans ce qui n’est pas analysable. On peut mesurer et analyser beaucoup de choses, mais tout ce qu’on peut mesurer ou analyser n’explique pas cette personnalité. Donc là, on entre dans ce qui fait le mystère des crus, des climats, cette personnalité existe, elle est là, on la sent, on a beaucoup de mal à la caractériser par des mots, elle est là, et voilà! »

Le vin, ce produit inséré dans des temporalités multiples, est donc *in fine*, une présence. Il est là. Une présence exigeante qui saisit l’attention et fait voyager dans le temps par la mémoire et la projection. Le vin est là, présentant une nature infiniment renouvelée, par le jeu des millésimes, mais aussi par le jeu des bouteilles et des situations de dégustation. Nous touchons alors au but et approchons l'essentiel : « Par exemple, pour la Romanée-Conti, il y aura toujours chaque année, cette puissance, qui n'est une puissance ni de fruit, ni de tanin, ni d'alcool, mais qui est une puissance concentrée, contenue, et avec une texture en bouche qui est toujours, quel que soit le millésime, très délicate, très fine, très onctueuse, très comment dire… "satin", "soie". Et ça, chaque année on le retrouve. Pour la Romanée-Conti c'est une sensation sphérique, pour la Tâche, c'est beaucoup plus vertical, et avec une certaine austérité. Et l'un des caractères principaux de la Romanée-Conti, je parlais de la texture en bouche, la longueur en fait partie. La longueur en bouche de la Romanée-Conti n'a rien à voir avec les autres. »

Avec ces métaphores spatiales et géométriques, la singularité de la Romanée-Conti apparaît. Elle se dessine par contraste aux autres (grands) vins élaborés à proximité : « La Romanée-Conti fait un vin très différent de tous les autres vins autour, parce que c'est un vin qui est totalement sur la finesse et l'élégance et pas du tout sur la puissance, le fruit ou autre. Donc elle représente un peu l'Épiphanie, le symbole, de ce qu'on appelle un climat en Bourgogne, elle est vraiment le symbole et l'expression la plus pure de cette idée de climat. C'est ça qui, je pense, lui donne cette dimension mythique. » Singulière par sa délicatesse, représentative par la façon dont elle exprime la singularité même du climat, la Romanée-Conti fascine et son nom alimente des spéculations et des dynamiques de prix « extravagantes », selon les mots d'Aubert de Villaine lui-même. « Mais ça, ce sont les valeurs aux enchères, qui sont des valeurs qui n'ont rien à voir avec nous… Nous on n'a jamais mis une bouteille aux enchères, c'est un monde à part qui n'est pas le nôtre.

Et même si les vins, au moment de leur vente, par nous, sont à des prix élevés, notamment la Romanée-Conti, on ne peut pas faire autrement. C'est un prix élevé, mais qui n'a rien à voir avec les prix affichés dans les journaux. »

Le prix « extravagant », outre l'expression d'une qualité exceptionnelle, outre la combinaison de facteurs comme la situation géographique et pédologique, la position sur le coteau, le climat singulier, l'extrême rareté (5 000 bouteilles environ par millésime), le prix n'est-il pas aussi le fruit des singularités temporelles de la Romanée-Conti, et de la façon dont le temps parle à travers ce vin ? Lorsque l'on parle d'un vin « mythique », « intemporel » ou « éternel », ne cherche-t-on pas en fait à résumer cette polyphonie temporelle avec un terme plus commode que précis ?

Nous nous trouvons confrontés à ces mêmes difficultés de langage lorsque l'on envisage non plus les temporalités passées, historiques et présentes du Domaine, mais celles, hors de portée, de son avenir lointain. Par définition, à nos échelles biographiques, aux limites bien plus étroites que celles du cru, il est impossible de savoir ce qu'il adviendra dans cent ans, deux cents ans, cinq cents ans, et nous ne le verrons d'ailleurs pas, mais nous avons tenté de poser ces questions à Aubert de Villaine, qui s'est prêté au jeu.

Ces échanges prospectifs sont évidemment plus des invitations à voyager dans le temps que des incitations à clore le débat, et à conclure au présent. En matière de temps et de vins encore, conclure est absurde, c'est pourquoi nous restituons cet échange final à l'état brut, comme une ouverture, malheureusement sans bande-son. Signalons cependant, sans mensonge ni exagération, que ce matin-là, rue du Temps-Perdu, la figure vivante et incarnée de la Romanée-Conti qu'est Aubert de Villaine parla d'un « esprit du vin traversant les âges » au moment même où retentit le carillon voisin, signalant par ses onze gongs la fin de notre entretien. Toutes les heures ne se valent pas : ce matin-là, à 11 heures, il était mille ans, en avant ou en arrière, et nous sentîmes l'épaisseur qualitative du temps nous traverser, comme un clin d'œil du vin à ses observateurs…

Pierre-Marie Chauvin

« Pierre-Marie Chauvin : Que souhaiteriez-vous pour ce domaine à une échelle qui dépasse nos échelles biographiques ?

Aubert de Villaine : Je souhaiterais qu'aboutisse totalement le travail que l'on fait, qui n'aboutit jamais d'ailleurs, parce que c'est perpétuellement renouvelé… qu'aboutisse notre travail sur la finesse des plants. Parce que le terroir, le climat est essentiel, le sol est essentiel, mais on ne fera jamais un très grand vin, on n'exprimera jamais le potentiel si on n'a pas des plants très fins. Je pense que là on peut faire des progrès. C'est là où est la mine de progrès.

PMC : Donc, si on se téléporte tous dans cinq cents ans et que l'on vient ici, ce que vous souhaiteriez retrouver, c'est cette perfection sur cette dimension de la finesse des plants ?

ADV : Oui cette perpétuation… Alors malheureusement on ne peut plus le faire comme on le faisait par provignage, on est obligés de le faire par sélection, mais on peut espérer que cette sélection continue, car elle est essentielle pour la vie d'un domaine comme celui-là.

PMC : Et pour ce qui est des vins, comment souhaiteriez-vous que soient goûtés et appréciés vos vins dans cent ans ?

ADV : J'ai goûté, malheureusement peu de fois dans ma vie, des vins des années préphylloxériques, années 1910, 1920, 1930. Pour moi, cela a été les dégustations les plus importantes. Je me suis rendu compte que ces vins avaient une dimension extraordinaire : ils étaient vieux, mais la vieillesse ne se voyait pas. Ils avaient perdu la chair, mais ils avaient gardé l'esprit, et l'esprit était toujours là, et on pouvait goûter cet esprit. Tout ce que j'essaie de faire aujourd'hui c'est des vins qui aient ce calibre-là, et j'aimerais bien voir dans 50 ans ou 100 ans ce que seront ces vins-là, si la courbe de nos vins suivra celle, merveilleuse, de ces vins passés. »

Pierre-Marie Chauvin,
retranscription de la conversation.

EXPOSÉ D'AUBERT DE VILLAINE POUR LA CANDIDATURE DES CÔTES DE BEAUNE ET DE NUITS ET DES VILLES DE BEAUNE ET DE DIJON À LA LISTE DU PATRIMOINE MONDIAL DE L'UNESCO

« Qu'est-ce que c'est un climat en Bourgogne ? Le mot a bien sûr un sens très différent de celui du mot climat tel qu'on l'utilise couramment pour parler du régime météorologique d'un territoire. En Bourgogne on l'emploie depuis des temps très anciens pour la vigne. On le trouve au XVIe siècle dans tous les actes notariés et autres documents officiels de Bourgogne, il désigne une parcelle de vigne, précisément délimitée, souvent depuis le Moyen Âge, qui porte un nom, en général ancien, souvent savoureux, évocateur de sa situation sur le coteau, et qui à partir d'un seul cépage, pinot noir pour les vins rouges, chardonnay pour les vins blancs, mais aussi aligoté aujourd'hui de plus en plus, produit un vin auquel on reconnaît un caractère particulier, une personnalité propre, unique et reconnaissable.

Le vin produit sur cette parcelle subit bien sûr les variations imposées par les conditions naturelles du millésime, mais,

à travers ces variations, le vin, chaque année, exprimera d'abord cette personnalité qui le caractérise. Cette personnalité est appréciée pour ses propres qualités, mais aussi en relation et même en comparaison avec toutes les parcelles voisines. C'est ainsi qu'au cours des siècles s'est peu à peu mise en place, à côté de la délimitation des parcelles, une hiérarchie entre ces parcelles.
Ces délimitations des climats et leur hiérarchie ont été inscrites dans le marbre des décrets d'Appellation d'origine contrôlée en même temps qu'a été créé l'Institut national des appellations d'origine dont le rôle est de veiller au respect de ces décrets qui fixent aussi les règles de production.
[...] Les climats constituent ainsi, chacun d'eux et ensemble, l'essence même du modèle de viticulture bourguignon. »

L'indépendance

par Julien Froidevaux

Dès lors qu'on l'invoque, l'indépendance est incertaine, tant nous échappent les liens entre les faits, les conséquences et les causes, la réalité et la fiction. À la différence de l'artiste que l'on imagine libre d'exercer son art partout où son sort l'amène, le vigneron est hautement dépendant de son attachement au lieu du terroir.

Cette dépendance fonde un besoin d'indépendance extrême. Comment gagner la liberté d'exercer pleinement son art en étant dépendant de grands patrimoines ? La France est peut-être le seul pays où l'on peut empocher des millions à la vente de son vignoble en pleurant, tant on y aura été contraint. Chagrin réel, conséquence d'un sentiment d'exil et de déracinement. Il y a également la peur qu'après soi le vin ne soit plus tout à fait le même, qu'un monde disparaisse. Peut-on admettre aujourd'hui l'idée d'être plus heureux courbé dans ses vignes que bienheureux au sein du paradis, fût-il potentiellement fiscal ? Au gré de nos dîners chez nos voisins européens, une rencontre a fait résonner en nous ce thème de l'indépendance. Une rencontre avec un banquier suisse évidemment.

Dans sa carrière, Julien Froidevaux a pris des responsabilités d'une banque privée à l'autre, d'un continent à l'autre, sans perdre le fil du développement intellectuel pas si répandu dans ce milieu. En 2018, Julien Froidevaux publie une thèse doctorale sur son sujet de prédilection : les vertus de l'indépendance. Finance et philosophie sont toutes deux affaires de spéculation après tout. Julien Froidevaux diffuse aujourd'hui ses enseignements en finance à l'Université de Lausanne et anime, au sein d'une grande institution genevoise, un réseau de conseillers indépendants en gestion de fortune.

Il s'est laissé mener au cœur de la côte de Nuits en Bourgogne. Cultiver un clos y est un privilège, au sens propre sous l'Ancien Régime quand les abbayes se chargeaient de développer le vignoble, privilège des financiers aujourd'hui. Nous l'avons conduit à la rencontre de trois Bourguignons, Thibault Liger-Belair, Pascal Mugneret et Étienne Julien, qui sont à la tête de leur propre domaine, chacun avec des vies bien différentes. Ces derniers voient les propriétés de leurs voisins tomber les unes après les autres dans l'escarcelle de grands groupes de luxe pour les uns, de fonds d'investissement ou de grandes fortunes pour d'autres. Le succès et la richesse contemporains de la Bourgogne s'accompagnent de contraintes qui peuvent paraître insurmontables dans le temps.

Thibault Liger-Belair est installé à Nuits-Saint-Georges depuis 2001, dans la lignée d'une longue tradition familiale dont il s'est à la fois émancipé tout en assumant avec plaisir l'héritage. Sa famille, les Marey et par alliance les Liger-Belair, propriétaires de vignes dès le XVIIIe siècle, s'est imposée au XIXe comme une incontournable maison de négoce et d'élevage en Bourgogne. Il nous reçoit dans la maison familiale au cœur de Nuits-Saint-Georges, pour une discussion devant un feu de cheminée, couplée à l'ouverture de trois vieux Richebourg : « On fait avec ce qu'on a. »

Pascal Mugneret mène le domaine familial à Vosne-Romanée, à quelques kilomètres au nord de Nuits-Saint-Georges. Après des études à Reims et Dijon, il passe de nombreuses années loin du vin, en tant qu'ingénieur dans l'industrie, avec une expérience internationale acquise notamment en Angleterre. Nous convenons de nous rencontrer directement dans les vignes, sur les lieux des premiers crus de Vosne-Romanée « Aux Brûlées » et « Les Suchots » pour une marche initiatique, avant de revenir au domaine pour déguster ses vins sur fûts et déjeuner.

Étienne Julien représente la cinquième génération du Domaine Julien en côte de Nuits à Comblanchien. Âgé d'à peine 25 ans, il représente cette nouvelle génération de vignerons qui possèdent des repères différents. Ce sera avec lui un dîner dans un bar à vins de la place, afin d'évoquer ensemble les opportunités, mais également les contraintes d'un jeune vigneron confronté à une compétition tant globale que locale.

Ce chapitre constitue une libre interprétation entre faits réels et fictions sur la notion d'indépendance et des variables qui la définissent, mais aussi des chemins de hasard, de bifurcations, de causalités, de permutations et de corrélations. Il est le fruit typique d'une visite bourguignonne intemporelle à Nuits-Saint-Georges, verre en main. Jamais en vain.

Méditations sur les routes nuitonnes

avec Thibault Liger-Belair,
Étienne Julien et Pascal Mugneret

Prologue

« Les multitudes ne font qu'encombrer[1]. »

« Je laisse aux nombreux avenirs (non à tous) mon jardin aux sentiers qui bifurquent[2]. »

Printemps 2018. Le train arriva en gare de Nuits-Saint-Georges à 16 h 42. Le voyage fut sans histoire. Le temps se prêtait parfaitement à la lecture durant cette période de l'année en Bourgogne, qui cumule les brumes de printemps, accentuées par le brûlage des sarments.

À la fin du XIXe siècle, la petite ville s'appelait encore Nuits. Pendant des décennies se sont manifestées des velléités de changement de nom, apparemment à cause d'une gare homonyme

1. Maurice de Saxe, 1696-1750.
2. Parole de Ts'ui Pên, dans le récit « Le jardin aux sentiers qui bifurquent », José-Luis Borges, 1941.

déjà existante. Une histoire de double déjà. L'appellation temporaire Nuits-sous-Beaune n'avait pas fait long feu.

Un cri

« L'indépendance ou la mort. » C'est par un cri que Pierre de Portugal, loin de la Bourgogne, proclame l'indépendance du Brésil le 7 septembre 1822. L'indépendance est avant tout un cri, une volonté farouche et universelle, une lutte. Les exemples historiques ne manquent pas.

Soixante-six ans plus tard, à Florence, Pedro Américo a représenté cette scène dans son tableau contesté et intitulé justement *Le Cri d'Ipiranga*, du nom de la rivière proche du lieu supposé de la bataille. Est-ce un chef-d'œuvre ? Est-ce un plagiat ? Selon les spécialistes de la période, le tableau comporte au moins sept incohérences. De plus, il n'est pas sans rappeler les peintures militaires d'Ernest Meissonier, notamment son tableau de 1807 intitulé *Friedland* et exposé au Met de New York, commémorant une des principales victoires de Napoléon.

N'empêche, l'image perdure, le tableau figure en bonne place au musée Paulista de São Paulo et se rappelle à la mémoire des Brésiliens chaque 7 septembre, pour la fête nationale Dia da Independência.

L'indépendance et la méthode

Comment commencer à exprimer l'indépendance, qui peut prendre une forme publique, proactive et manifeste, ou rester tapie comme un joyau enterré pour mieux se révéler au fil du temps ? Elle peut être évoquée ou encore tue pour prendre plus d'envergure et de signification.

Elle peut être d'abord définie de façon objective, concrète, et confinée à des définitions statiques : un état d'une personne qui n'est tributaire de personne sur le plan matériel, moral, ou intellectuel ; un caractère de quelqu'un qui ne veut pas être soumis aux autres, à la discipline morale, aux habitudes sociales, ou qui ne se sent pas lié à ces manifestations ; ou bien encore une capacité de décider en toute impartialité, sans se laisser influencer par des tiers, y compris par ses intérêts propres.

Elle peut également, comme en finance, être la somme de combinaisons multiples, le fruit d'une démarche mathématique à base de calculs statistiques complexes.

Une autre approche peut encore être proposée. Elle consiste à complètement omettre ces définitions, jusque dans leur évocation. Susciter sans évoquer. Le vigneron est un « interprète du terroir », comme le rappelle Thibault Liger-Belair. Ne pas mentionner le thème de l'indépendance, c'est laisser libre cours à l'imaginaire et aux convictions, qui contiendront les variables propres à cette même indépendance. Faire le vide pour évoquer intérieurement, sans mentionner, sans penser au chemin à prendre confère une force quasi divine, naturelle, intemporelle.

Le temps et l'histoire

Dans un essai de 1885, intitulé « Sur l'équilibre d'une masse fluide animée d'un mouvement de rotation », Henri Poincaré développe une théorie dite de bifurcation, point de départ potentiel aux théories du chaos plus contemporaines. On peut voir dans le vin un chaos : il est le fruit de multiples influences où de petites causes peuvent produire de grands effets. Les entretiens avec les vignerons mêlent considérations techniques et dimensions historiques, familiales, et locales, aux perspectives de plusieurs siècles. Difficile de faire la part des choses. Le seul fait d'être l'unique propriétaire d'un domaine n'assure en rien l'indépendance d'un vigneron.

« C'est l'homme qui détermine la place de la vigne. » Thibault Liger-Belair affirme que c'est bien l'homme qui écrit la partition. C'est parfois l'éloge de la lenteur, mais clairement pas du laisser-faire. C'est la définition même du millésime qui s'exprime : un désordre potentiel chaque année, sauvé ou non par l'habileté du vigneron. Le respect du rythme des éléments est organisé, l'expérience est accumulée à chaque cycle. Il s'agit de « se refléter dans le siècle suivant ». L'art peut alors venir en force pour sublimer les techniques de vinification. Avec un recul historique, plusieurs repères peuvent expliquer ce qui aujourd'hui fait un terroir, un vin, un vigneron.

« Il faut dix ans au moins pour bien comprendre son vin. » Thibault Liger-Belair base son propre point de référence en 2001. Que peut-il se passer dans ces dix ans ? Combien de combinaisons de vecteurs possibles ? Des chefs-d'œuvre inconnus peuvent subrepticement apparaître durant cette période de perfectionnement. Des événements historiques sans liens apparents peuvent amener et contribuer aux mêmes résultats, y compris par voie détournée. Le réel et la fiction s'entremêlent. Un peu à l'instar de la diversité biologique des sols bourguignons, propres à l'élaboration d'appellations multiples, concentrées sur des surfaces fortement réduites.

Les techniques et les variables qui définissent l'indépendance peuvent être additionnées, combinées ou permutées avec les années pour ajouter une délicieuse saveur à la réflexion. Est-ce que les conférences de Rudolf Steiner sur la biodynamie, voie utilisée par certains de nos amis vignerons, ont bien eu lieu en 1924 et ont-elles été rapportées fidèlement ? Dans un autre registre, les projets urbanistiques One North Masterplan de l'architecte Zaha Hadid de 2001 à Singapour ont-ils influencé les vignobles de Nuits-Saint-Georges, et celui de Thibault Liger-Belair en particulier la même année, ou est-ce l'inverse ? La quête de l'indépendance requiert l'application de combinaisons multiples et accompagne le cheminement personnel du vigneron.

La carte et le territoire

One North Masterplan, le projet de Zaha Hadid commencé en 2001 représente l'exemple d'une structure parcellaire parfaite. Une image semblable aux climats de Bourgogne à Singapour. Ou comment gérer un paysage dans son ensemble. Un design holistique d'un environnement parcellaire complexe et segmenté. L'image quasi monopolistique d'une urbanisation disséquée, mais réorganisée. Une carte idéale.

Mais quel est le périmètre exact d'une parcelle ? La longueur d'une frontière ? D'un cours d'eau ? Pour les topographes, une réponse claire et précise est potentiellement impossible, pour cause de détours et circonvolutions. Dans les années 1950, l'Anglais Lewis Richardson nomme les conséquences de ces approximations : le paradoxe du littoral ; le profil des côtes est tellement élaboré, découpé, enchevêtré, que la mesure précise de leur périmètre tend à l'infini. Le front de mer est de nature fractale.

On en revient à la nécessité d'un choix humain, d'une matérialité déterminée manuellement afin d'obtenir une réponse pour chaque parcelle, pour chaque vin. À titre d'illustration, un ouvrage récent propose une description fidèle des parcelles et appellations présentes à Nuits-Saint-Georges[1]. On y trouve beaucoup de « Clos… » (comme dans « Clos de la Maréchale »), mais aussi des « Aux… » et des « Les… » (comme dans « Aux Saints-Juliens » ou « Les Saints-Georges », ou encore « Aux Brûlées »). Plus rares, quelques « La… » comme dans « La Richemone ». Et un seul « En… » : « En la Perrière-Noblot ». Et quelques autres descriptions plus iconoclastes encore pour le voyageur non initié. Il conviendrait d'essayer de procéder à une analyse complète des possibles combinaisons en fonction des noms de parcelles pour mieux saisir la complexité du terroir, presque son ésotérisme.

Dans son livre *Le Pendule de Foucault*, Umberto Eco rappelle toutes les permutations possibles du nom de Dieu (qui uniquement dans ce contexte peut être écrit ou prononcé), le tout à l'aide d'un ordinateur très basique (l'action se situe en l'année 1988). Pour accéder au fichier de référence – donc aux données multiples – il faut par ailleurs disposer du bon mot de passe. Il faut poser la bonne question pour obtenir la réponse désirée.

1. *Nuits-Saint-Georges, Nos vignes et notre terroir*, Simon Graphic, 2016.

On voit bien l'utilité des appellations en termes de lisibilité et de diffusion. Elles proposent en Bourgogne une correspondance parfaite entre la parcelle et le vin. Loin d'être évidente, cette corrélation procure des émotions au voyageur, potentiellement un message caché, hermétique, subliminal, voire un mystère aux conséquences majeures sur les méthodes de vinification ou sur les sols. Thibault Liger-Belair confirme l'immense diversité des terres bourguignonnes : les quarante-et-un premiers crus de Nuits-Saint-Georges composent une carte qui multiplie les nuances de coteaux et de sols.

Cependant, aussi précise soit-elle, aucune carte ne peut être autre chose qu'une abstraction, une simplification de la réalité. Dans un texte de 1946, lui-même inspiré par une citation bien plus ancienne attribuée à Suarez Miranda en 1658, Borges démontre que la carte parfaite, soit un oxymore théorique d'une carte à l'échelle 1:1, n'est d'aucune utilité. La prétention de l'humain à essayer d'imiter la nature et de la répliquer est profondément vaine. Guider oui, contrôler non. C'est le paysage qui doit être utilisé directement comme carte. C'est au vigneron d'en ressentir les caractéristiques les plus saillantes et de les exploiter pour produire son meilleur vin. *Carpe diem.*

L'équilibre et les repères

Le numéro 109 de la revue *Elementals – Journal of Biodynamics Tasmania*, publié en automne 2013, relate un fait marquant et néanmoins relativement méconnu. Le château de Koberwitz (situé aujourd'hui en Pologne, en Allemagne avant 1945) sert de lieu prestigieux à la présentation par Rudolf Steiner de ses huit conférences tenues du 7 au 16 juin 1924. Pour mémoire,

111 personnes étaient présentes, dont déjà près d'un tiers de femmes. Les participants venus d'Allemagne, de Suisse, de France, de Pologne se rendaient quotidiennement au château par le train.

Le propriétaire des lieux peut être considéré comme l'artisan de la publication du contenu des conférences. Sans l'insistance du comte de Keyserling pour faire traduire et diffuser les interventions de Steiner, la biodynamie aurait peut-être connu un tout autre destin. Un bel exemple d'interdépendance et de conviction.

« Il faut interpréter les écrits de Steiner pour s'approcher d'un équilibre. » Thibault Liger-Belair explique qu'il n'existe pas de méthode uniforme et définitive. Il s'agit de ne pas pratiquer l'autocensure, mais bien de déboucher sur une éthique libérée de tout mysticisme. Ce qui passe par un possible retour à des méthodes plus classiques via l'exploration des pratiques parfois décriées de Steiner.

L'absence d'équilibre peut conduire à la chute. Un changement de cap radical – un passage en production biologique par exemple – peut être significatif de succès ou de perte. Plusieurs années de conditions irrégulières peuvent terrasser les acteurs de disruption novatrice. Sans historique, sans repères, mais aussi potentiellement sans ressources financières assurées, les issues peuvent être fatales.

Les exploitants restent humains et libres de faire des erreurs. « On travaille sur la gestion d'un déséquilibre géré ou latent. En plus, la vigne elle-même n'est pas toujours prête au changement. Elle n'est quelquefois même pas prête tout court, résume bien Thibault Liger-Belair. Le sol recèle des énergies qui demandent à être écoutées et respectées. Lunes et marées se parlent et s'interpellent. » On est loin de la méthode scientifique. Ou pas.

La science s'est patiemment construite sur des expériences reproductibles et non émotionnelles. « Ses progrès sont documentés dans les écrits et dans nos mémoires adolescentes. Mais le sol aussi a une mémoire », murmure Thibault Liger-Belair, qui ajoute : « Lorsque les ceps sont arrachés, lorsque la terre est retournée, la mémoire s'active, le sol garde une capacité à l'autorégénération. » La nature reprend ses qualités millénaires. Ou encore dans les mots posés de Pascal Mugneret : « Écoute le sol. Tu fais ce que te demande le sol. » Y compris le travailler avec l'aide de pulvérisation de préparations à base de bouse de cornes (Steiner, préparation P500) et silice de cornes (P501).

Au-delà des risques liés au changement de méthodes, la perte de repères et la nécessité constante de réapprendre sont autant d'autres challenges conséquents. L'ouverture à de nouvelles pratiques implique l'absence de repli sur soi.

Le bien commun et la liberté

Dans *La Richesse des nations*, Adam Smith rappelle en 1776 que les mains des vignerons, sans qu'il y paraisse, peuvent individuellement contribuer à la satisfaction du plus grand nombre et à l'intérêt général. Cet économiste érudit n'avait en revanche pas de recette connue pour affronter les déboires financiers que rencontrent les familles et domaines viticoles : base fluctuante de valorisation des participations, impact des multiples successions et taxations dissuasives, choix de stratégie et autres principes de gouvernance. Ni encore pour évaluer ce qui tient de la dimension collective ou individuelle des propriétés.

« C'est agréable de recevoir une caisse de vin du domaine chaque année, mieux encore d'avoir une participation bien valorisée », condense le pragmatique Thibault Liger-Belair. Pour cela, les valeurs de gouvernance familiale doivent être établies, mises en place et entretenues, comme pour n'importe quelle autre entreprise à vocation pérenne. « Il faut de la consistance dans l'approche avec ses vins, également avec ses équipes » : Pascal Mugneret préfère collaborer avec des passionnés atypiques, quitte à ce que leur expérience soit moins importante que celle de spécialistes potentiellement plus aguerris.

Il apparaît souvent que la dimension collective et la volonté de fédérer l'intérêt des acteurs de la profession ne sont pas une priorité. Ce sont plutôt les démarches individuelles qui prévalent. « La notion de la valeur du produit est solidement ancrée, ce qui n'est pas assez le cas des processus, des personnes, de l'histoire », constate Thibault Liger-Belair.

À l'opposé, l'absence de normes strictes imposées par un acteur central, c'est aussi la liberté de pouvoir produire le plus de vins ou d'appellations possible. Pas pour atteindre une production de masse ni pour des raisons d'ego, mais bien pour maintenir une liberté essentielle : celle de produire ce qui est rare. Ou plus précisément « ce que le vigneron considère comme rare », confirme malicieusement Pascal Mugneret.

Depuis 1681, c'est cette même liberté qui est déjà présente dans les affaires. « Laissez-(nous) faire », disaient les marchands et M. Le Gendre à Colbert. Y compris par l'éloge de la lenteur prônée par nos Bourguignons.

La propriété et la valeur

La valorisation actuelle exacerbée du foncier pose un certain nombre de questions. Comment estimer des parcelles historiques, détenues depuis plusieurs générations, mais ne produisant pas de revenus matériels majeurs ? Comment tenir compte du morcellement des parcelles et de l'impact financier qui en résulte ? Pour un bien viticole, « la valeur à long terme n'est pas fongible avec l'usage de ratios financiers utilisés pour une vision à court terme » : avec un regard multigénérationnel, Thibault Liger-Belair confirme également les bouleversements majeurs observés depuis près d'un siècle. Les vignes sont passées de la noblesse aux vignerons, et aujourd'hui des vignerons à de grandes sociétés d'investissement mondialisées.

De grands groupes et fonds d'investissement occupent désormais plusieurs domaines de l'activité traditionnelle, y compris la production et plus seulement la distribution, relève Étienne Julien. Il déplore ensuite une possible naïveté de certains vignerons, qui peuvent dès lors constituer des cibles faciles face à de potentiels prédateurs. « Peu de domaines peuvent réellement servir de réceptacle à des investisseurs globaux », note-t-il par ailleurs.

On retrouve plusieurs parallèles avec le monde de la finance : « *Small is beautiful* », écrivait en 1973 Ernst Friedrich

Schumacher, un autre Anglais, comme son nom l'indique. Cependant, pas besoin d'aller dans les extrêmes pour être attractif : Étienne Julien confirme la nécessité de trouver une niche particulière, plutôt que de se concentrer sans conviction sur des productions trop extrêmes.

Un bien historique peut graduellement et facilement devenir un trophée impersonnel, alors que ce sont les personnes, les processus, l'expérience et l'histoire qui devraient être valorisés. Malheureusement, il n'existe pas de valorisation immatérielle, ou goodwill, pour ces lignes intangibles dans les états financiers des domaines viticoles.

« Il est désolant de constater que seule la spéculation sur la valeur des terres permet de tirer un rendement maximum », soupire Thibault Liger-Belair, une approche purement basée sur les revenus d'activités n'étant pas rentable. Dans les années 1970, le retour sur investissement de l'achat d'une parcelle de grand cru avoisinait les cinq ans, dix ans au maximum. Aujourd'hui ce serait plutôt en siècles qu'il faudrait compter. Ce constat est partagé par Étienne Julien qui met également en avant l'importance de la propriété comme facteur d'indépendance : la flexibilité financière qui en résulte permet *de facto* une liberté en termes de production.

Quid d'autres solutions ? La cession à des fonds d'investissement appartenant à de grands groupes n'est pas une solution viable pour tous les acteurs, souligne Thibault Liger-Belair. Cette option est même très limitée à cause du morcellement, de la matérialité exceptionnelle des quelques transactions passées, et de la rareté des opportunités disponibles.

Le voyage et l'ouverture sur le monde

Jules Verne fascine le monde entre 1865 et 1870 avec une histoire rocambolesque de trois hommes enfermés dans une capsule pour un voyage de la Terre à la Lune. Après 97 heures et 20 minutes, les voyageurs atteignent leur destination. Quatre nuits de voyage célébrées avec une bouteille de Nuits. *Son of a gun* !

Passent cent ans et quelques poussières cosmiques. Après l'échec de l'expédition Odyssey et la perte du Major Tom en 1969, en 1971, Apollo XV va au bout de sa mission : elle trouve son lieu d'alunissage, le « cratère Saint-Georges ». La trajectoire de la fusée était parfaite. Le talisman a produit son effet : emportée par l'équipage, l'étiquette de la cuvée Nuits-Saint-Georges 1959[1] comptera parmi les crus du siècle.

À l'opposé du voyage lointain, une reconversion inattendue peut également provoquer d'autres vocations. Un lieu laissé à l'abandon peut donner lieu à une inspiration globale, artistique. Il faut regarder l'évolution des silos à grains du Zeitz Mooca à Cape Town : les 42 silos de béton de 33 mètres ont été découpés en 2017 par les équipes de Thomas Heatherwick pour obtenir une des plus belles réalisations architecturales du continent africain. Créé en 1924, le bâtiment a changé de statut : plus haut building d'Afrique pendant des décennies, il est aujourd'hui un musée moderne, innovant et attractif, dont les voûtes évoquent désormais l'émerveillement de l'intérieur de

1. Une étiquette plus récente d'une maison de Vosne-Romanée montre un enchevêtrement de fils de fer évoquant – tel un quipu – de multiples possibilités non commutatives, ou peut-être une théorie des cordes et de la gravité quantique.

la *Sagrada Família*. Ou encore des cuves de stockage majestueuses venues d'un monde lointain.

L'ouverture au monde est possible en tout temps. Elle peut résulter en des transformations improbables qui montrent les bénéfices du changement et de l'ouverture d'esprit. C'est une façon indirecte de répondre par la confiance, avec l'aide d'un agent tiers venu non pas de son terroir, mais de terres et d'espaces inconnus.

Ce regard sur le monde peut résonner jusque dans les pieds de vigne : les nouveaux marchés sont mondiaux, les investisseurs aussi. Ceci même si dans un passé proche il n'existait que peu de volonté de voyager, de s'ouvrir, et s'adapter à la demande de nouvelles régions comme l'Asie. Comme dans les montagnes suisses, ce sont les Anglais qui ont souvent montré la voie en développant plusieurs marchés : Étienne Julien rappelle que Londres constitue toujours aujourd'hui un marché capital pour les vins français.

Dans le cas de l'acquisition d'un domaine par un tiers, la visibilité, la distribution, la transparence, et les outils de promotion deviennent cardinaux. La question des accès en direct ou par le biais de distributeurs reste lancinante. Faut-il régulièrement accepter un passionné, un investisseur, un voyageur de passage au sein de la cave ? Garder cet accès direct au propriétaire bourguignon pour visites et dégustations semble néanmoins constituer un impératif distinctif.

Londres ou Cape Town. L'une représente l'un des plus grands marchés pour la clientèle. L'autre peut être utilisée comme allégorie du changement, dans un pays divisé qui a aussi produit des vins d'exception. Londres comme passage obligé pour comprendre cette relation avec le vin, les cultures, le monde. Cape Town pour y symboliser un véritable renouveau.

L'abandon de la zone de confort[1], la mise en danger que représente l'ouverture au monde permet l'application de nouvelles idées, la découverte de nouveaux investisseurs potentiels, et le développement de nouveaux marchés de distribution. La visite des cinq continents par la lecture ou le voyage reste finalement la plus formidable opportunité de mieux connaître sa terre, son terroir, sa diversité.

Épilogue

L'indépendance est un tout. Une liberté d'action et d'esprit pour vinifier. Mais aussi une ouverture sur le monde et sur l'histoire pour finalement mieux se connaître, et ultimement se reconnaître. Une attitude pour mieux valoriser son terroir et affiner ses repères. Un socle économique et financier pour maintenir une certaine flexibilité de production. Ou encore le développement d'une expertise permettant improvisation et expérimentation de méthodes alternatives. Et surtout une condition nécessaire pour maintenir l'usage immodéré de son imagination !

1. À l'instar de Didon – princesse de Tyr, fondatrice de Carthage – qui, selon le mythe, après un long voyage pour fuir son frère, obtint une surface parcellaire quatre fois plus étendue que prévu grâce à son ingéniosité : à sa demande d'un territoire pour les siens, un seigneur local lui rétorqua que la surface projetée ne pourrait pas excéder une aire « pouvant être recouverte par la peau d'un bœuf ». La peau fut découpée si finement qu'elle procura à Didon une corde assez longue pour délimiter un espace bien plus vaste qu'escompté, qui donnera l'emplacement côtier de la future Carthage en 814 av. J.-C.

Les facteurs qui définissent l'indépendance cohabitent sous forme de plusieurs variables, prises individuellement ou combinées, de façon aléatoire ou délibérée. Ces critères se retrouvent dans le monde du vin comme dans plusieurs autres domaines : le temps, l'histoire, la géographie, le voyage, avec une manifestation commune à tous ces vecteurs : la liberté. Une liberté d'entreprendre, de se trouver, de se découvrir constamment. De progresser, de créer, de se surpasser aussi. Et aussi de communiquer, d'exprimer, de transmettre.

À travers leurs mots, Thibault Liger-Belair, Pascal Mugneret et Étienne Julien donnent une dimension propre à chacune de ces variables. Une interprétation rationnelle, émotionnelle et personnelle, mais plus encore l'application de ce qui constitue pour chacun d'eux une culture d'indépendance.

In fine, l'indépendance, c'est peut-être le choix de produire ce qui est rare, irrationnel, le tout parfois uniquement pour soi. Parfois le tout à la fois, en prenant tous les sentiers multiples qui se présentent. Non par égoïsme, mais pour la consécration de la douce solitude, reflet d'un vrai choix de liberté et d'indépendance(s).

Julien Froidevaux
Genève, mai 2018

ACTES ET RÉFÉRENCES À LA NOTION D'INDÉPENDANCE

-814. La reine Didon fonde Carthage

1658. Première référence à la carte 1:1 par Suarez Miranda

1681. Naissance présumée du courant de pensée économique et politique, le « laissez-faire »

1696. Naissance de Maurice Saxe, maréchal de France

1776. Publication de *The Wealth of Nations,* d'Adam Smith
1807. Tableau *Friedland,* par Ernest Meissonier
1822. Pierre de Portugal prononce la phrase : « L'indépendance ou la mort »
1849. Arrivée du premier chemin de fer en gare de Nuits
1865. Publication par Jules Verne de *De la Terre à la Lune,* suivi par *Autour de la lune* (1870)
1882. Début de la construction de la *Sagrada Família* à Barcelone
1885. Henri Poincaré consacre la théorie de la bifurcation
1888. *Le Cri d'Ipiranga,* par Pédro Américo
1892. La commune de Nuits prend le nom définitif de Nuits-Saint-Georges
1924. Cycle de huit conférences de Rudolf Steiner sur la biodynamie
1946. Publication de *Del Rigor en la ciencia,* de José-Luis Borges
1951. Le paradoxe du littoral est formalisé par Lewis Richardson
1971. La mission Apollo XV nomme un trou lunaire « cratère Saint-Georges »
1973. E. F. Schumacher publie *Small is beautiful : a study of economics as if people mattered*
1988. Publication du roman *I pendolo di Foucault* d'Umberto Eco
2001. Projet d'urbanisme « One North Masterplan » par Zaha Hadid
2017. Fin des travaux de transformation du musée Zeitz Mooca à Cape Town

L'institution

par Jean-Marie Ardisson

Pierre le Grand, le petit Lurton, l'homme aux deux châteaux… les surnoms abondent à Bordeaux pour qualifier Pierre Lurton, président de deux grands crus figurant au sommet des hiérarchies bordelaises. À Sauternes, Château d'Yquem fut consacré Premier Cru Supérieur en 1855. À Saint-Émilion, Château Cheval Blanc est quant à lui Premier Grand Cru Classé « A » depuis la fondation du classement dans les années 1950. L'homme occupe l'une des fonctions les plus prestigieuses du monde du vin.

En tant que fils de famille, il a reçu en héritage, comme ses neuf frères et sœurs, l'un des châteaux que son père Lucien Lurton a acquis, le Château Marjosse. Parmi la tribu Lurton, il est sorti de la figure du propriétaire-exploitant pour entrer au service de grands crus à une époque, le tournant du XXe au XXIe, où ce genre de perméabilité était encore rare. Le « petit Lurton », comme il se surnomme lui-même, a l'oreille de Bernard Arnault ainsi que de son associé dans Cheval Blanc, feu le baron Albert Frère. Un pied sur chaque rive et le cœur entre-deux-mers, Pierre Lurton cumule volontiers les rôles : président de Cheval des Andes, le grand cru argentin du groupe Moët-Hennessy, qu'il vinifie depuis son lancement, consul de Monaco à Bordeaux, il *possède aussi une élégante maison d'hôtes et fait partie des quarante Académiciens du vin de Bordeaux.*

Jean-Marie Ardisson s'occupe quant à lui d'éducation pour le Financial Times, *de conseil aux dirigeants d'entreprises à l'échelle mondiale. Il aime à regarder les choses sous plusieurs angles et se poser inlassablement les questions de savoir pourquoi faire ainsi et comment faire mieux. Avec Pierre Lurton, il partage un caractère primesautier d'éternel jeune homme. Leur tête-à-tête s'est déroulé à Château Cheval Blanc, au cœur des fines appellations de la rive droite de Bordeaux. On y parle d'excellence, de responsabilité, de liberté et d'avenir, du rôle profond de Pierre Lurton à la tête de ces vins légendaires.*

Pierre Lurton à Château Cheval Blanc et à Château d'Yquem, présider à l'exceptionnel

Pierre Lurton exerce la présidence de deux icônes de Bordeaux, depuis une vingtaine d'années. Cette carrière hors du commun oblige à une prise de recul sur la notion si rebattue de leadership.

Chronologiquement, Pierre Lurton a présidé Cheval Blanc depuis l'acquisition conjointe par Bernard Arnault et le baron Albert Frère fin 1991. En mai 2004, il est nommé par le même Bernard Arnault président du nouveau joyau qu'il a acquis quelques années plus tôt, le Château d'Yquem. Dans ce cru qui règne sur l'appellation Sauternes, sur les vins liquoreux et même sur le classement de 1855 (en tant que seul Premier Cru doté de l'attribut « supérieur »), un glissement s'effectue. Nous passons d'une situation familiale (un demi-millénaire de Lur Saluces), où la prise de décision est incarnée et centralisée, à une situation de propriété par un actionnaire extérieur ultra-puissant, leader de la création de valeur du champagne et du cognac. Avec d'autres, les crus Yquem et Cheval Blanc positionnés au sommet des hiérarchies de 1855 et de Saint-Émilion, surnommés les « premiers », bénéficient aujourd'hui de ce que le marketing qualifie de « positionnement de marque » quand la sociologie préférerait « statut ».

Les châteaux, plus que des marques, des institutions

Peut-on parler de « marques », même en ajoutant tous les adjectifs dithyrambiques que l'on peut imaginer – luxueuses, exceptionnelles, iconiques, etc. ? Est-ce la même nature de responsabilité et de leadership que d'être à la tête de Porsche, Mandarin Oriental ou Montblanc ? Le poids symbolique de noms tels qu'Yquem ou Cheval Blanc excède largement leur poids économique si, par exemple, on le mesurait à l'aune de la rentabilité.

Nous préférons la notion d'institution qui rapproche ces châteaux de lieux de culture et de patrimoine, de conservatoires vivants d'un idéal comme La Sorbonne, le Palais Garnier ou, plus récemment, la Cour du Louvre revisitée par Pei. Elle oblige en effet à combiner subtilement la nécessaire emprise sur la marque et le respect de ses traditions historiques, de son héritage, qui sont son essence même. Elle demande une forme de liberté face à un groupe structuré et doté de méthodes rigoureuses de commercialisation, de valorisation de marque et de recherche de rentabilité. La double mission de Pierre Lurton, à l'instar de celle de Catherine Pégard, présidente du château de Versailles, peut fasciner. Elle interpelle sur le rôle et les qualités de l'homme face aux devoirs que lui impose l'excellence.

Invité par Pierre Lurton à me rendre à Cheval Blanc pour une conversation au château, dans son bureau, après la rituelle visite des vignes et des chais, je suis captivé par l'œuvre architecturale, comme le sont aussi les visiteurs d'Yquem. En présentant les cuves en béton tulipes de Cheval Blanc, en me faisant admirer de loin la vague blanche du toit de Cheval Blanc dessinée par Portzamparc, ou en me racontant les travaux réalisés à Yquem pour faire se rencontrer le patrimoine et le design, Pierre Lurton formule son dessein, sa mission : faire entrer ces grands crus dans le siècle, le XXIe. C'est chose faite. Le profil du chai a trouvé sa place dans le paysage saint-émilionnais comme la pyramide de Pei dans la cour carrée du Louvre. Un choc d'abord, puis l'évidence. Qu'est-ce que l'évidence ? C'est peut-être ce que l'on ne peut plus ignorer une fois qu'on l'a vu. À la suite des Rothschild, pionniers de la réinvention du lieu avec leurs chais révolutionnaires[1], Pierre Lurton imagine à Cheval Blanc et à Yquem la rencontre de l'héritage et du présent pour s'installer dans le temps. S'il est impossible pour faire grand de partir chaque matin d'une feuille blanche, il est en revanche indispensable de faire évoluer ces institutions sous peine de les voir prendre la poussière.

À Bordeaux, cette rencontre se matérialise dans le château, au sens spécifiquement bordelais de ce terme, à savoir la propriété viticole et non pas la seule résidence de prestige. C'est incontestablement à Bordeaux que l'idée de pétrifier le prestige d'un terroir a vu le jour et s'est cristallisée avec le plus de force. Dès le XVIIIe siècle, les grands propriétaires se font construire des demeures somptueuses au cœur de leur vignoble, à la fois en guise de résidence secondaire et en hommage à leur vin. Si bien qu'aujourd'hui le mot de château recouvre un concept complet, matrice du rayonnement de Bordeaux. La volonté de magnifier le vin, de lui donner l'écrin qu'il mérite, est le rôle du

1. Dès 1926, Philippe de Rothschild confiait à son ami Charles Siclis, l'architecte et décorateur de théâtres parisiens (entre autres), la conception du « grand chai » de Mouton. Quant à Éric de Rothschild, il a imaginé avec Ricardo Bofill un chai octogonal pour Lafite en 1985. Voir le chapitre *ad hoc*.

bâti. Le château, comme le proclame le plus fameux de tous les monuments de Bordeaux, le Château Margaux, est le temple du culte du vin, empilant volontiers les références bachiques avec les chrétiennes, les médiévales avec les modernes... Utilité et beauté, c'est bien l'objectif du design.

L'immense chantier architectural qui s'est déployé, d'abord à Cheval Blanc puis à Yquem est l'œuvre d'un président qui regarde vers demain et dispose des moyens d'exprimer sa vision. Pour Pierre Lurton, la fonction d'élaborer le meilleur vin possible est la priorité absolue des bâtiments de vinification et d'élevage appelés chai à Bordeaux. En repensant le trajet du raisin de la vigne à la bouteille, en intégrant les innovations techniques jugées pertinentes et en permettant la réalisation des gestes de travail exigeant, il donne pour défi aux architectes de mettre le vin au cœur et au sommet du projet, sans brider l'intention esthétique. Le nouveau chai de Cheval Blanc, conçu et construit par Christian de Portzamparc, est avant tout *un chai*. L'usage prime toujours et la lumière, la forme des bâtiments, les circulations dans celui-ci sont les contraintes dans lesquelles l'œuvre doit s'inscrire. La vague blanche du toit, que l'on admire aux abords du château, entre les vignes de Pomerol et celles de Saint-Émilion, n'est pas un habillage, un over-packaging ornemental. Elle couvre un outil de travail, un immense atelier d'élaboration du vin répondant à des objectifs rigoureux, la cuverie où se produit la transformation des fruits.

Cheval Blanc est ainsi entré de plain-pied dans le nouveau siècle, proclamant que l'histoire continue de s'écrire et l'harmonie de se perpétuer. Longtemps réservé au bâti de prestige, le dessein du projet architectural s'est emparé du lieu de travail, le chai, qui gagne ainsi une dimension esthétique et surtout symbolique supplémentaire. Le bon et le beau des lieux bâtis rendent hommage au génie du lieu naturel, le terroir, tout en faisant de l'occasion de visite une expérience à part entière.

De la responsabilité au devoir

Quand on le titille sur les moyens financiers quasi illimités que l'on imagine à sa disposition, Pierre Lurton répond que, justement, de tels moyens créent une obligation à l'excellence, une responsabilité à être à la hauteur du rang des institutions. En se retournant sur sa carrière, il expose les cinq dimensions qui lui semblent essentielles pour accomplir la mission qui lui est confiée. Ces qualités apparaissent classiques, mais elles prennent une nouvelle dimension lorsqu'il s'agit de présider au destin d'institutions telles que celles qui nous intéressent.

Être visionnaire et donner le sens

Devant le musée Guggenheim à Bilbao ou devant la Fondation Louis-Vuitton à Paris, deux gestes architecturaux signés Frank Gehry, on est frappés par une double dimension. Le bâtiment est pensé avant tout comme le prolongement des collections qu'il héberge. L'architecte porte également une vision sur le bâtiment lui-même qui a sa propre histoire et complète le sens de l'institution artistique. D'une certaine manière, le bâtiment devient la symbolique du contenu. Cette vision, portée par l'architecture, se retrouve parfaitement dans le domaine des vins d'exception. Le château est identifié, souvent porté sur l'étiquette. La bouteille étiquetée donne à voir un avant-goût de son contenu.

Le responsable d'une institution, son président, est d'une certaine manière dépassé par ce qu'il préside, que ce soit un très grand vin, un musée ou un opéra. Le but n'est donc pas de réduire ce vin ou ce lieu de culture pour le rendre gérable, mais au contraire de le placer dans le monde qui l'entoure, dans une vision large de l'aujourd'hui autant que de l'avenir. Présider à l'exceptionnel, c'est donc simultanément consolider le passé et construire la vision future.

Pierre Lurton résume cette vision par l'expression « rêve romantique de grandeur ». C'est ainsi qu'il formule la permanence du projet, de l'œuvre, de l'institution dont il est le garant. Ce « rêve » est circonscrit dans une unité de lieu, la propriété d'un seul tenant dans sa forme définitive depuis 1871, autour de l'association originale du cabernet franc dominant dans le vignoble de Cheval Blanc et du merlot, cépage emblématique de Saint-Émilion et de Pomerol. Son interprétation est l'élaboration exigeante du vin, cette haute culture, avec toute la technicité et la sensibilité requises. D'immenses réalisations sont dans l'esprit de tous, le millésime 1947 en tête. La représentation au public et à la critique de cette œuvre a lieu lors de chaque ouverture de bouteille, de chaque dégustation dans un cadre privé ou dans la vie publique. En formulant l'esthétique de Cheval Blanc, Pierre Lurton donne non seulement du sens (ce qui serait une explication marketing *a posteriori*, voire plaquée et flottante, comme on le voit dans de nombreux cas de vins de niveau intermédiaire), mais « le » sens : d'où vient Cheval Blanc et vers où regarde-t-il ? Il se produit une intériorisation profonde de l'institution par celui qui la préside. Elle demande du temps (il se compte en décennies) et n'en finit pas de s'affiner.

Pour Yquem, la mission de Pierre Lurton est résumée par le nouveau propriétaire, Bernard Arnault en : « Poursuivre la légende d'Yquem dans le respect de la tradition et l'ouverture à la modernité. » À l'instar de la provocante pyramide de verre installée par l'architecte Pei devant le Louvre, Pierre Lurton a cherché à compléter les institutions Cheval Blanc et Yquem par une nouvelle strate d'histoire, matérialisée dans la cassure architecturale qui nourrit l'esthétique. L'époque vient laisser sa trace dans le mille-feuille patrimonial. Les valeurs traversent les siècles en restant en vie.

Cultiver l'humilité

Dans le leadership classique, on attend du dirigeant qu'il fasse montre de capacité à entraîner les autres, de confiance en soi, voire d'une dose d'amour-propre. Que serait un leader qui doute ou qui hésite ? Encore plus aujourd'hui, beaucoup attendent du leader qu'il ait la solution aux problèmes, quels qu'ils soient.

Et pourtant. L'humilité n'est pas qu'une vertu désuète ou monacale. La personne qui préside à l'exceptionnel se doit de la cultiver. L'étymologie mérite ici d'être convoquée. Humilité dérive du latin *humus*, le sol. Élaborer un vin d'exception suppose justement d'avoir le visage tourné vers le sol, d'observer le vivant dans une posture modeste. Les tâches viticoles sont humbles : penché vers la terre, inquiet de l'état du ciel, le vigneron répète un labeur monotone, souvent pénible et ingrat. L'homme qui croirait contrôler des process ou s'en affranchir serait dans un aveuglement fatal.

Un des enseignements essentiels de la présidence de Château d'Yquem est l'importance indépassable du terroir et de la viticulture en complément de la vinification. Le terroir est, comme Pierre Lurton le rappelle, la combinaison du sol, du climat et des hommes au service d'un idéal de vin. À Yquem, on travaille une mosaïque de parcelles d'une grande variété et les savoir-faire nécessaires sont à la fois complexes et spécifiques.

« La viticulture au sens de l'observation des fruits telle qu'elle est pratiquée au Château d'Yquem peut apporter un réel éclairage aux châteaux hors du Sauternais, comme à Cheval Blanc. L'observation de la maturité permet en effet de mieux choisir les dates de vendanges. »

Tous les savoirs patiemment enregistrés sont toutefois remis en cause chaque année en fonction des conditions météorologiques. La connaissance s'améliore constamment, la précision est meilleure, mais rien n'est vraiment acquis comme on le verra plus bas avec le cas du millésime 2012.

En matière d'architecture aussi, l'humilité est de rigueur, lorsqu'on ambitionne de combiner l'éternel et l'éphémère, le fonctionnel et le beau. Des chefs-d'œuvre comme les pyramides d'Égypte, la tour Eiffel ou le Golden Gate à San Francisco imposent du respect et sont entourés d'un certain mystère.

C'est peut-être contre-intuitif, mais cette humilité n'a rien d'une faiblesse. Ne peut-on pas être humble et avoir de l'orgueil, c'est-à-dire une haute idée de la valeur de l'institution dont on est garant, tout en restant conscient de l'impossibilité de maîtriser les conditions de sa perpétuation ? Un grand écart auquel Pierre Lurton s'est essayé avec succès. En témoigne l'atmosphère qui règne à Yquem et à Cheval Blanc, une élégance légère, décontractée, ni pesante ni sclérosante, à l'image des bottes alignées le long d'un mur qui attendent les invités que Pierre emmènera dans les vignes. La causerie n'aura rien d'anodin, tout en restant si légère et accueillante.

Se tenir à l'écoute

Lorsqu'on préside à l'exceptionnel, se tenir à l'écoute couvre des registres variés. Champs extérieur et intérieur se mêlent et il faut en proposer une synthèse. Il s'agit de porter l'institution, d'être sa voix et son visage tout en gardant les oreilles grandes ouvertes sur les marchés, les exigences du groupe propriétaire, la contribution au rayonnement de Bordeaux, sans oublier celui de la France dans le monde. Des responsabilités gigognes qui peuvent donner le tournis.

Pierre Lurton est au cœur d'un réseau de réseaux, typique du grand terroir qu'est Bordeaux. Dans cet écosystème particulier, le premier rôle du président est celui de représentation auprès de la Place, des marchands. Ce champ assez classique consiste à écouter le marché, autant les clients professionnels du premier cercle, les négociants, du deuxième, les importateurs, restaurateurs, ou cavistes, que le cœur du marché : les clients finaux. Mais il faut en outre exister face aux autres grands châteaux avec lesquels Cheval Blanc et Yquem sont en « coopétition » (à la fois concurrence et coopération). Difficile à assumer si l'on n'en connaît pas les ressorts, surtout les plus subtils, cette position est éminemment politique[1]. Il s'agit de conserver son rang, au sein d'une hiérarchie, certes institutionnalisée par le classement de 1855, mais confrontée aux aléas du marché du vin. Cette capacité d'écoute est nécessaire, partout et tout le temps, mais elle est encore plus importante dans le cas des vins d'exception.

1. Les travaux de Pierre-Marie Chauvin apportent un éclairage sociologique à l'analyse des rapports entre les parties prenantes qui forment la « Place de Bordeaux » : châteaux, négociants, courtiers et institutions syndicales ou confréries.

La seconde dimension de l'écoute concerne les équipes qui entourent le président. Là aussi, nous sommes dans les canons du leadership, mais à une échelle incomparable par rapport à des produits ou services communs. Il faut donc écouter les personnes qui ont contribué à faire le succès de ces vins. Il faut aussi comprendre et profiter de ce qui se passe ailleurs, avec un esprit de curiosité permanent. À Yquem par exemple, Pierre Lurton s'est tenu à l'écoute de l'œnologue Sandrine Garbay. Arrivée en 1994 au château, elle avait déjà vinifié dix millésimes. Son expérience a été mise à profit pour former avec elle un duo fructueux. À Cheval Blanc comme à Cheval des Andes, il a confié des responsabilités à des œnologues souvent jeunes dans un esprit de compagnonnage. Un rôle quasi paternel, un rôle de patron, au sens étymologique. Écouter, accompagner, faire grandir les talents… oui Cheval Blanc est une écurie.

Être précis et aimer la complexité

Le risque inhérent au respect de la tradition est l'immobilisme. Les traditions architecturales par exemple évoluent du fait de l'utilisation de nouveaux matériaux, de l'apparition de nouvelles techniques et de l'impulsion de nouvelles esthétiques, souvent à l'occasion de ruptures. Les institutions ne peuvent pas rester immobiles au risque d'être muséifiées. Même si cela peut sembler paradoxal, elles doivent au contraire être des acteurs majeurs dans l'innovation : elles ne suivent pas les modes, mais participent à les créer, à les faire vivre. Tout cela se retrouve dans les styles architecturaux, la gastronomie, la culture et l'art. Il s'agit d'innovation « lente », mais profonde, totalement compatible avec l'histoire et la tradition.

Lorsqu'on préside à la création de produits ou services exceptionnels (parfums, bagages, montres, vêtements, voyages ou spectacles vivants), toute évolution doit être documentée de manière à pouvoir être dupliquée. Dans les domaines en lien direct avec les accidents de la nature, cette exigence est encore plus marquée, car elle doit documenter précisément les caractéristiques météorologiques et les transformations apportées par les experts du domaine.

En arrivant à la présidence du Château d'Yquem, Pierre Lurton a été frappé, comme chacun d'entre nous l'est à chaque visite ou découverte des liquoreux, par la complexité de l'élaboration du vin. Elle est tous azimuts : de la variété des sols, en passant par le pourrissement partiel et risqué des baies sous l'effet de Botrytis, de la maîtrise des assemblages entre des raisins cueillis pendant une période prolongée et bien d'autres aspects. Cet équilibre subtil, qui a permis d'avoir un vin d'exception depuis des siècles, doit être respecté.

« Les belles choses naissent de situations complexes et elles s'accordent assez mal avec la nature humaine qui recherche toujours la simplification. » À propos de Cheval des Andes, Pierre Lurton développe son esthétique de confrontation à la complexité. Il répète à ses collaborateurs : « Sachez retrouver dans votre mémoire s'il n'y a pas des gestes que vous auriez oubliés. » Le vin en sera non seulement meilleur, mais il en deviendra plus grand. Il s'agit bien d'artisanat d'art, à la frontière avec la création artistique. Mais la particularité ici c'est que cet artisanat d'art concerne le vivant. La perpétuation de gestes manuels se fait dans un esprit de conservation et de transmission des savoir-faire d'une part, et de recherche de supplément de subtilité, de nuance, en un mot d'âme d'autre part. Le rôle du président est de résister à la volatilité des modes, de rester humble devant les innovations soi-disant géniales et les tentations de simplification, pour rechercher un style profond qui nourrit le classicisme. Cette posture n'empêche pas l'innovation. Un des proches confrères de Pierre Lurton, le regretté Paul Pontallier, dont la carrière tout entière a été dédiée à Château Margaux, aimait rappeler autour de lui qu'il faut prendre le temps de tester une innovation et de l'éprouver avant de l'intégrer. Or, dans sa bouche, le « temps » se comptait à l'échelle de l'institution, non pas en semaines ni en mois, mais en décennies, au minimum en années.

Tout documenter avec précision donc, pour pouvoir reproduire l'exceptionnel de ces vins, alors même que les conditions météorologiques ne se retrouveront jamais d'une année sur l'autre. L'art naît et se nourrit de précision et de l'attention aux détails.

Prendre des risques

La cinquième dimension évoquée est la nécessité de prendre des risques pour répondre à la vision à long terme. Transportons-nous au Château d'Yquem : la réputation d'excellence de ce vin crée des attentes hors du commun liées à son histoire comme à sa rareté. Le cas du millésime 2012 est édifiant. À la forte sécheresse d'août a succédé la pluie à partir de mi-septembre. Les mauvaises conditions climatiques se sont accumulées pour rendre, finalement, le vin faible. À Yquem le dilemme se pose : les jeunes vins pourront-ils représenter la valeur véhiculée par le nom Yquem, en un mot en être dignes ? Dans l'histoire de ce cru, sous le chapitre Lur Saluces, près d'un millésime par décennie ne voyait pas le jour. Depuis sa nouvelle acquisition, ce choix ne s'était pas reproduit. La faiblesse du 2012 à Yquem oblige Pierre Lurton à se poser la question. Et à franchir le Rubicon : il n'y aura pas d'Yquem 2012.

Ne pas élaborer le grand vin est une décision radicale dont les conséquences commerciales sont lourdes, et pas seulement pour Yquem. Tout le monde ne peut pas se permettre un tel choix. Dans le Sauternais, des voix s'élèvent contre Pierre Lurton, y compris au sein de sa famille. Yquem donne le ton dans le marché. L'absence d'Yquem risque de diffuser la réputation d'un mauvais millésime dans toute l'appellation. Il serait angélique de négliger que le prestige de l'institution est corrélé à sa puissance financière. Ce n'est pas Pierre Lurton qui le nierait. Lorsqu'un journaliste le provoque – « Monsieur Lurton, tout de même, ne faut-il pas gagner de l'argent ? » –, il renverse la perspective : « On en gagne beaucoup, c'est sans doute là notre tranquillité. » Parce qu'il peut financièrement prendre une telle décision, alors il doit le faire. Le rang d'Yquem impose une exigence radicale dont l'institution sortira grandie.

La prise de risque permet non seulement de maintenir la réputation d'excellence des vins, mais aussi de la modifier lentement et de consolider l'institution. Tout produit iconique doit en effet évoluer, mais pas en fonction de choix qui lui seraient exogènes ou imposés. Le rythme et la direction de cette évolution sont le choix de l'institution. Être le maître des horloges, pour citer le monde politique. Il faut donc savoir prendre les risques calculés nécessaires pour avoir cette capacité d'évolution.

Cette prise de risque est probablement l'essence même de l'excellence. Aussi paradoxal que cela puisse paraître, faire une pause, se donner le temps pour avoir du recul, écouter le sens que l'on donne à l'excellence est un travail beaucoup plus important que celui de maintenir un rythme soutenu en reproduisant à l'identique ce qui a été fait jusqu'alors. Il faut donc du temps. Il paraît évident que Notre-Dame de Paris ne s'est pas faite en un jour. La construction a débuté en 1160 jusqu'en 1360 environ, puis a connu une première restauration d'envergure entre 1843 et 1864, et va en connaître une autre dans les années qui viennent. Pour autant, ce monument reste un geste architectural exceptionnel… qui évolue avec le temps.

Un des moyens nécessaires pour cela est d'écouter et de profiter de ce qui se passe ailleurs. Ainsi, quelle est la prochaine étape dans la construction d'Yquem ou de Cheval Blanc ? « Dans le cas de Cheval Blanc, nous sommes allés en Argentine pour profiter de terroirs différents sur lesquels nous pouvons appliquer les principes de viticulture et de vinification développés en France. Le résultat est extraordinaire d'intérêt. » Cheval des Andes est une sorte de laboratoire pour Pierre Lurton qui s'émerveille des vieux pieds de malbec qu'il y a découverts. « Dans le cas d'Yquem, nous avons envisagé de participer aux ventes en primeur, ce qui n'avait pas été fait jusqu'à présent. *In fine*, l'idée a été abandonnée car elle représente un risque trop grand pour la réputation du vin que nous faisons vieillir en cave au château plusieurs années avant de le commercialiser. »

Pour conclure

Yquem, Cheval Blanc, parmi une poignée d'autres, ces châteaux sont les équivalents, dans le domaine du vin, du Louvre, du château de Versailles ou de La Scala de Milan. En être le président consiste à être garant d'une esthétique, d'une histoire extraordinaire, d'un idéal. La formule galvaudée, néanmoins si parlante, « une certaine idée de » conviendrait. Pierre Lurton, comme d'autres hommes et femmes qui président à l'exceptionnel, ont la responsabilité de faire vivre « une certaine idée » du vin, de la musique, de l'art. Dépositaires, ils s'efforcent de la redéfinir, de l'interroger et de la pérenniser. Cette forme de responsabilité et même de mission du dirigeant, intemporelle et néanmoins très présente, est indissociable de la noblesse de l'entreprise.

« Aime et fais ce qui te plaît. » Pierre Lurton incarne cette devise augustinienne. Passionné par les châteaux qu'il préside, il garde la liberté de faire ce qui lui plaît au sens de ce qui lui paraît bon pour eux, parce qu'il est habité par eux. Une pleine liberté, donc une confiance tout aussi pleine de la part des propriétaires des châteaux qu'il préside.

Sans doute l'époque est-elle amenée à changer et Pierre Lurton laissera une empreinte profonde dans l'avenir de ces deux institutions.

Jean-Marie Ardisson

LA « PRÉ-MODERNITÉ » DE LA CIVILISATION DES VINS DE BORDEAUX OU L'ARCHITECTURE COMME STRATÉGIE CULTURELLE D'UNE ÉCONOMIE RÉGIONALE

L'invention de la civilisation du vin

« La synergie remarquable née autour du vin entre les Bordelais, les Français et tous ces "citoyens du monde" a engendré une authentique civilisation régionale qui est à la fois d'inspiration et d'audience internationale.

Ici, par miracle, se concilient le régionalisme et l'universalité.

[...] Toute civilisation — rurale ou urbaine — s'exprime nécessairement aussi par un apport culturel qui lui est propre. On a donc cherché ici à savoir par quelle filière artistique cette société viticole a su inventer sa spécificité et la rendre perceptible bien au-delà de la réputation de ses vins. On a également tenté de comprendre comment cette créativité a pu aider à asseoir, confirmer et valoriser les produits de son économie dans le monde entier. Car la clef de son ingéniosité (on dirait aujourd'hui de ce "marketing" ou de cette "stratégie médiatique") est précisément d'avoir inventé une interrelation directe, étroite et indissociable entre création économique — le vin — et création artistique — sa plus-value.

Ce canal de la médiation culturelle des vins de Bordeaux n'est ni la peinture [...] ni la sculpture [...]. L'art majeur que cette société viticole a choisi de privilégier en une synthèse unique est l'Architecture. Une gamme d'architectures comprises et déployées, au sens le plus large du terme, puisque ce domaine de la création se trouve ici tour à tour modulé, décliné et prolongé en milieu urbain dans les termes d'un urbanisme vinicole et, en milieu rural, dans ceux d'un paysagisme viticole. [...]

L'invention du château viticole

Au cœur de plusieurs centaines de ces propriétés, les Bordelais ont mis progressivement au point une des notions les plus habiles de leur double stratégie économique et culturelle : le château viticole. Le premier château au monde à vocation viticole fut édifié dès 1525 aux abords immédiats de Bordeaux : c'est le fameux Château Haut-Brion à Pessac [...].

Malgré leur extraordinaire diversité, tous ces châteaux viticoles du Bordelais obéissent à une même idée qui fait leur originalité : la très vieille notion de château (le *castellum* qui remonte loin dans l'histoire de l'humanité) réactualisée, modernisée, pour s'adapter à la fonction économique et culturelle d'une exploitation viticole. [...] Tout cela conçu avec grand soin pour être à la fois pratique — fonctionnel — et prestigieux : porteur d'une image de marque à laquelle l'architecture donne ses titres de noblesse.

L'invention des « relations publiques » et leur mise en scène artistique au château
Nombre de châteaux étant souvent inhabités, leurs propriétaires citadins ont commencé à généraliser l'idée d'accueil des hôtes de marque : personnalités françaises et étrangères, négociants, marchands, amateurs de vins qui trouvaient évidemment grand plaisir à avoir le privilège de vivre quelques jours dans un cadre rare. Ainsi les châteaux sont-ils devenus progressivement autant de délicieuses ambassades rurales d'un grand vin où s'apprécie une civilisation raffinée de "luxe, calme et volupté". »

Jean Dethier
Commissaire général et scénographe de l'exposition « Château Bordeaux » au Centre national d'art et de culture Georges-Pompidou, Paris, novembre 1988 — février 1989
in Château Bordeaux, inventaire.

PORTRAIT DE PIERRE LURTON PAR JEAN-FRANÇOIS CHAIGNEAU DANS *VIGNERON MAGAZINE* — AUTOMNE 2011
« L'humour à fleur de peau et d'humeur égale, il se donne des airs de dilettante, mais travaille 12 heures par jour. [...]

Vous dirigez à la fois Cheval Blanc et Yquem, deux des plus grands vins du monde. J'imagine que vous croyez en la chance ?
Oui. Mais comme dirait Albert Frère, la chance mérite qu'on s'en occupe. Quand je suis arrivé, à 33 ans — j'en ai 53 aujourd'hui — à la tête de Cheval, c'était merveilleux. J'avais du culot, et déjà dix ans d'expérience avec Clos Fourtet, Premier Grand Cru Classé de Saint-Émilion. Et puis Bernard Arnault est venu me chercher pour prendre aussi la présidence d'Yquem...

Ça s'est passé comment ?
À la suite d'un conseil d'administration de Cheval Blanc, Bernard Arnault me demande de venir. Il me dit : "Vous êtes

l'homme qu'il nous faut pour continuer l'œuvre pérennisée durant quatre cents ans par une même famille, les Lur Saluces." C'était un tournant dans ma vie, un événement considérable. De bonnes fées lui avaient soufflé mon nom.

[...] Pour un vinificateur de vin rouge, le sauternes, qui impose une perte de 60 % de son volume le temps que le raisin mange son sucre, est-il une aberration ?
Quand je pense que toute ma vie de vigneron j'ai lutté contre la pourriture, et puis du jour au lendemain je dois vivre avec, la surveiller, espérer la maîtriser pour faire du grand vin... Maintenant je m'en amuse. Elle me passionne. Sa complexité, le soin qu'elle impose, notamment pour le ramassage grain par grain, m'ont beaucoup fait réfléchir sur les grands rouges. Sauternes m'a conduit à faire un tri plus serré à la vigne.

Êtes-vous prêt en cas de mauvaise année à ne pas sortir de Château d'Yquem comme le faisait le comte de Lur-Saluces ?
Bien sûr. Yquem ne souffre pas la médiocrité. Toute l'équipe est prête à prendre ce risque. Il se trouve que depuis que nous sommes à Yquem (2004), les millésimes sont très beaux... Mais nous n'avons pas fait de Cheval Blanc en 1991. Les conditions n'étaient pas bonnes. Toute la récolte est allée à Petit-Cheval.

[...] Qu'avez-vous changé dans ces deux vins ?
J'ai beaucoup d'humilité en face de ces légendes. Je ne détiens pas la vérité. C'est moi au contraire qui suis en formation continue. J'apprends tous les jours. On ne brusque pas, on ne serre pas le mors. Il faut laisser filer la main, garder la souplesse tout en tenant fermement. »

Le langage

par Azélina Jaboulet-Vercherre

« Je sais que l'on peut vivre sans vin, mais j'estime que l'on vit mieux avec[1]. »

Une académique vivant entre des livres et un homme de terroir passionné par le règne végétal : une rencontre au premier abord détonante, mais en réalité évidente. Azélina Jaboulet-Vercherre se définit par le seul mot d'historienne et ce n'est pas peu dire. Docteur en histoire médiévale principalement, elle a mené un cursus en mille-feuille, accumulant les couches de sciences humaines : histoire de l'art, archéologie ainsi que littérature. Sa passion est de creuser une archive, aller à la source pour vérifier une citation, interroger l'usage d'un mot, analyser le contexte de la genèse d'une idée, en bref comprendre, c'est-à-dire prendre en totalité, pleinement.

C'est une origine familiale vigneronne, démultipliée par sa curiosité inextinguible, qui la guide vers le vin. Associant démarche académique et appétence pour la dégustation, elle

1. *Le Un*, « Le goût du vin », n° 309, 12 août 2020, propos recueillis par Sophie Gherardi.

consacre ses recherches à l'université de Yale aux usages du vin dans la philosophie médiévale ! Sa thèse s'intitule « The Physician, the Drinker, and the Drunk – Wine's Uses and Abuses in Late Medieval Natural Philosophy ». Sa lecture n'est pas donnée à tout le monde.

On y découvre entre autres que le terme exact pour désigner la dépendance à l'alcool n'est pas addiction, qui est un anglicisme, mais assuétude. Il dérive de l'idée latine d'une habitude, d'un automatisme, d'un geste qu'on ne contrôle plus. Finalement la perte de liberté, l'aliénation. Parce que le savoir libère justement, Azélina Jaboulet-Vercherre sait et aime vulgariser. Pour elle, diffuser et transmettre sont des activités on ne peut plus nobles.

Après Yale et Lausanne, elle enseigne à Paris où elle a lancé la « Sciences Po Wine School », ainsi qu'à l'école Ferrandi. Ses publications vont du très sérieux Florilège de discours savants sur le vin *aux plus malicieux* Accords hommes et vins *ou* Le vin, entre nature & culture. *Elle convoque volontiers la musique, la gastronomie et la sensualité pour produire un langage œnophile bien à elle. Régulièrement primée par l'Office international de la vigne et du vin pour ses publications, elle est devenue présidente du jury des prix littéraires OIV.*

Elle dialogue ici avec son ami bordelais Stéphane Derenoncourt, globe-trotter et consultant autodidacte, chantre de la viticulture biologique aux multiples casquettes, à propos des mots évoqués par les vins.

À la découverte de la géosensualité

avec Stéphane Derenoncourt

La notion de géosensualité naît de la rencontre entre un vigneron-consultant et une historienne médiéviste. Ensemble, nous proposons de révéler les correspondances entre le terroir et le plaisir. La sensation pure, telle est la quête du bon vinificateur. Une jouissance à multiples détentes, qui peut s'initier dès le premier coup d'œil.

« Dès lors que la vue constitue le sens par excellence, le nom de *phantasia* (la représentation en grec) se trouve aussi tiré du mot lumière, parce qu'on ne peut voir sans lumière. »

Aristote, *De l'âme*, III, 3, 429a2-4.[1]

La vue, sens historiquement supérieur dans la hiérarchie de la perception, agit en amont de la dégustation. Lorsque l'on cherche à extraire du sol son essence, il faut d'abord le regarder, observer son profil (les strates visibles lorsqu'on le creuse), ce qui permet de mesurer sa densité, sa structure, son niveau de réduction ou d'oxydation.

---

1. Traduction de Richard Bodéüs, Aristote, *De l'âme*, Paris, GF Flammarion, 1993, p. 221.

Le sens de la vue permet aussi d'évaluer la santé des pieds de vigne. Les racines doivent pousser verticalement, de manière un peu tortueuse – ce qui n'échappait pas aux médiévaux, qui élevèrent Tortu au rang de saint patron des ivrognes, capable d'accomplir des miracles dignes de Bacchus, escorté d'un aréopage composite de divinités antiques et de vénérables chrétiens[1].

Après extraction, l'élevage permet de donner au vin sa vitalité. Tout, dans le vin, est histoire d'amativité : le charmeur de vignes fait des préliminaires un chemin vertueux, comme s'il chérissait la Dame de ses pensées[2].

La vinification est une transformation, une digestion. Déjà Galien, et à sa suite la médecine occidentale, entendait ce processus comme une série de coctions. La chaleur crée le mouvement[3]. La fermentation du raisin, cette « cuisine du corps », mène le fruit frais et noir vers la substance recherchée. Le raisin se compacte, la peau se décolore et donne au jus sa robe à mesure que l'alcool augmente, tandis que l'homme veille à la température de fermentation et à la densité.

Une nouvelle forme physique apparaît. C'est l'hylémorphisme d'Aristote[4] : la matière prend forme, elle devient vin. Le sens du goût reconnaîtra l'ampleur de la transformation.

---

1. Dans *Chansons et Dits artésiens du* XIII*e siècle*, publiés par A. Jeanroy et H. Guy, Bordeaux, Feret & Fils, éditeurs, 1898, p. 42-43.
2. Virgile, *Géorgiques*, 2, 354-370.
3. [Empédocle, « Entrez, même dans la cuisine il y a des dieux »]. Cette idée était déjà présente chez Aristote selon lequel le feu « possède la nature motrice », *Métaphysique*, Livre A, édition Marie-Paule Duminil et Annick Jaulin, Paris, GF Flammarion, 2008, p. 83.
4. Aristote, *De l'âme*, II, 1, 412b-413a, trad. Richard Bodéüs, *op. cit.*, p. 138-139.

Jean Bodel a décrit vers 1200, avec un sens poussé de la synesthésie, l'éventail des sensations qu'un vin peut procurer :

Le vin fraîchement mis en perce,
à bonne mesure et sans mélange,
gouleyant, coulant, ample, corsé,
grimpant comme écureuil au bois,
sans aucune trace de moisi ni d'acidité,
sur lie, direct, sec et léger,
limpide comme une larme de pêcheur,
s'attardant sur la langue du gourmet :
les autres gens ne doivent pas y goûter !

Jean Bodel, *Le Jeu de saint Nicolas*, v. 642-650[1]

« Grimper comme un écureuil » désigne le mouvement, que nous appelons « tension » d'un vin. Le trouver à la fois gouleyant, ample, sec et léger est rare et vibratoire : il procure alors une longue sensation aussi insaisissable que percutante, qui serait due au caractère épuré de la substance. Le mouvement du vin est un perfectionnement, l'entéléchie de la matière vin.

Suivons nos ancêtres dans leur taxinomie, souvent plus riche que la nôtre en ce qu'elle invite davantage les autres sens à la table des réjouissances. On nous invite souvent, de nos jours, à « partir à la découverte du plus sensuel des vignobles », belle proposition qui souvent, hélas, se réduit à une question sans réponse. Au Moyen Âge, le sujet aurait relevé de la

1. Édité par Jean Dufournet, Paris, GF Flammarion, 2005, p. 104.

tautologie. Pourquoi boire du vin sinon pour le laisser à sa fonction majeure : taquiner le désir ?

La sensualité, c'est l'anticipation du désir, qui appelle à l'imaginaire, la métaphore, voire la synecdoque.[1]

Parler de la sensualité du vin, c'est en faire potentiellement un objet d'inclination irrésistible, ce que l'on retrouve dans l'idée du « corps » d'un vin, indiquant une sensation charnelle. Maints jeux de mots nous en donnent la dimension, comme ce tavernier du début du XIIIe siècle indiquant un goût pour la densité d'un vin par un coquin « le meilleur est au fond », attisant le désir de son client de « taster au trouble »[2] – un plaisir transgressif puisqu'il s'agit ici de le boire pur (ce qui était contraire aux préceptes de tempérance de l'époque et symbolisait un retrait de la civilisation). Le caractère capiteux du vin indique également son aptitude à envoûter, garantissant justement ce caractère sensuel[3], du moins pour qui est sensible à l'ampleur d'un corps. En effet, la question du potentiel sensuel d'un vin revêt un caractère éminemment individuel : un corps rond donnerait une image de douceur, de confort, alors qu'une silhouette fine inspirerait une sensualité délicate.

A priori, le sens du goût éloigne des voluptés du toucher. En réalité, la dégustation rassemble en nous le goût et le toucher, nous rendant aristotéliciens :

1. Figure de rhétorique procédant par extension ou restriction de sens d'un terme : l'espèce pour le genre, la matière pour l'objet, le particulier pour le général et inversement.
2. *Le Jeu de saint Nicolas*, édité par Jean Dufournet, Paris, GF Flammarion, 2005, v. 269, 1032.
3. On retrouve cette idée dans le *capiteux vin blanc* nommé par Chrétien de Troyes dans *Le Chevalier de la charrette* ou *Le Roman de Lancelot* (Paris, Librairie Générale Française, 1992), p. 106-107.

« Ce qui est buvable est commun au toucher et au goût »
Aristote, *De l'âme*, II, 10

« Le goût est une sorte de toucher »
Aristote, *De la sensation*, 441a

La sensation pure infiltre le corps tout entier, en un instantané durable, doux paradoxe dû à l'activation de la mémoire émotionnelle par le sens du toucher. Or, l'émotion est un type d'énergie à haut potentiel transformatif – pour la vigne, le raisin et le vin, comme pour l'homme. Plus pénétrant encore : les émotions varient selon la forme que prend le vin dans la bouche. Cette forme donne – ou pas – au vin sa sapidité (du latin *sapidus*), à savoir son caractère savoureux, son aptitude à réconforter le corps et à apaiser l'esprit. Ce principe des contours du vin lie la forme (le contour) au toucher (la sensation), tous deux conditionnés par le bon fonctionnement du sol, de sa relation avec son sous-sol, de la qualité de l'enracinement de la vigne et de la vitalité des racines.

L'acteur majeur de cette évolution émotionnelle ? L'argile. L'argile, c'est à la fois la puissance et la douceur tactile. Elle définit la forme du vin, qui émane de la matière de laquelle elle est issue – un principe identitaire, une idiosyncrasie des terroirs se révélant en particulier selon la nature (quantité et qualités) de l'argile qu'elle contient.

Cette spécificité se traduit par l'unité de mesure nommée « surface interne des argiles ». Elle permet d'évaluer la capacité d'une argile à retenir l'eau, et donc à optimiser le complexe argilo-humique, en se basant sur le nombre de feuillets qu'elle comporte. Ainsi, une argile à surface interne très basse est proche du limon ou, pire, de l'argile à poterie ; *a contrario,* une argile à forte surface interne a pour effet d'adoucir les tanins, donc principalement des cépages rouges.

Sur les sols à surface interne basse (argile limoneuse) sont produits des vins carrés, soit des vins rustiques contenant un potentiel d'amertume important. Plus l'argile s'affine, plus le vin devient sphérique et prend de la longueur : sa courbe s'étire avec grâce. Les terroirs de Vosne-Romanée, Pomerol, Saint-Émilion sont propices à de tels vins, à la rondeur alléchante, de même que ceux de Montrachet (une chaude sensualité, rare pour des vins blancs). Voilà des vins qui cajolent et bousculent, jusqu'à l'extase.

« Pour peu qu'on y réfléchisse, on reconnaîtra que l'homme ne met à rien autant d'industrie qu'à la fabrication du vin [...], une substance si attrayante que beaucoup ne voient pas d'autre plaisir dans la vie. »

Pline l'Ancien, *Histoire naturelle*, XIV, 28, 1

Attrayante – et mystérieuse –, la substance du vin est obtenue par une subtile alchimie de processus naturels, de patience et de concoction œnologique. Si la science permet de mesurer certains stades de la culture du raisin et de sa vinification, bien des étapes de son élaboration échappent encore à notre entendement – ce qui contribue sans doute à préserver notre attirance pour le vin.

Comment, en effet, une matière si riche et complexe peut-elle être extraite de sols pauvres comme les terres calcaires, desquels proviennent certaines de ses plus nobles expressions ? Notre esthésie (aptitude à percevoir des sensations), là encore, ne peut que s'amplifier par une meilleure connaissance de phénomènes physiques.

On a beaucoup débattu, ces dernières décennies, de la notion de minéralité. Or, l'évocation de la fraîcheur florale de certains terroirs nous renvoie la précieuse mémoire de chenins de Touraine, de rieslings alsaciens et allemands, de chasselas vaudois ou de chardonnays bourguignons. Le prodige s'accomplit en vertu du caractère spongieux de ces terres calcaires. Comme un ascète se nourrirait de spiritualité, la vigne s'abreuve à la source mesurée d'eau diffusée au moment où elle en a le plus besoin, en saison sèche et chaude. Ce contrôle naturel n'est pas seulement hydrique, mais également enzymatique. Ainsi l'identité du lieu passe-t-elle dans le raisin, subtile domination à laquelle consentent les Libournais en offrant à leur merlot un kaléidoscope géologique – le faîte de la complexité s'exprimant sur le célèbre calcaire à astérie caractéristique des plateaux et coteaux calcaires de Saint-Émilion.

Le vin raconte alors une histoire en triptyque : une courbe ferme se dessine dans la bouche, qui découvre ensuite un corps harmonieux, velouté (la sensation tactile de douceur de la craie), lequel s'affine enfin pour mieux rafraîchir le palais. Si vous avez bu ce vin, vous avez rencontré un avatar inédit de la sylphide : sa version marine, qui vous a laissé le goût iodé d'un baiser atlantique.

Conclusion

Accepter sa propre perception : une nouvelle approche du développement sensoriel ? La sensualité, comme la sensation, s'apprécie individuellement (nous aurions moins de 15 % de sensation commune). De cette difficulté naît la recherche langagière visant à exprimer des préférences, à traduire des sensations au plus près de la perception. Ce faisant, on exprime son propre moi, sa culture ; on expose sa sensibilité. Il est temps que chacun puisse revendiquer sa propre subjectivité, inhérente à toute dégustation. Faire du vin, trouver les mots les plus proches de la perception sensorielle rapproche l'intimité de l'humilité. N'oublions pas que le vin permet une inversion de la chaîne de l'Être. En transformant notre physiologie, il prend vie jusqu'à exercer sur nous son empire – fût-ce ponctuellement.

Azelina Jaboulet-Vercherre

LE VIN COMME MÉTAPHORE

« Le raisin est fruit de la terre. Il est aussi traditionnellement perçu comme un symbole du désir, au moins depuis le *Cantique des Cantiques*, le manifeste biblique de l'art d'aimer. Dès lors, le vin en est venu à représenter la joie, la prospérité, la longévité — excellents prétextes donnés aux œnophiles pour légitimer leur plaisir. Bien plus que toute autre boisson fermentée, le vin a inspiré des métaphores enrichissant le vocabulaire de la dégustation, dont le jargon ne sert pas toujours à refléter la luxuriance.

Techniquement, la métaphore est une figure de style (du grec *tropos*) sophistiquée par laquelle un mot prend une signification autre que son sens premier. Une métaphore est réussie quand s'établit une connivence entre l'émetteur et le destinataire, ce dernier devant comprendre la parenté entre deux termes à première vue sans relation. C'est ainsi que les métaphores apparaissent plus vivantes que les comparaisons. Ces dernières sont, pour Aristote, des "métaphores qui réclament une explication (*logos*)", donc des spécifications plus longues qui diminuent le plaisir du destinataire — l'immédiateté de l'effet augmentant le plaisir (*Rhétorique*, III, 4, 1407a 14-15). Le succès d'une métaphore est particulièrement éclatant quand elle lie la philosophie et la poésie.

La métaphore du vin dépasse le simple ornement stylistique, et la richesse de son champ lexical nous permet d'accorder de multiples facettes au sujet. Essentiel à la geste homérique, l'usage de la métaphore envahit la pensée poétique occidentale. Les auteurs y trouvent un moyen de représenter une expérience donnée par un transfert de sens en déployant l'envergure de mots simples et concrets. Cela nous conduit donc bien au-delà de leur signification première. Ils deviennent alors de précieux instruments pour pénétrer l'âme et l'élever à la spiritualité. »

Azélina Jaboulet-Vercherre, « Wine as metaphor »
in *Wine & Culture*, Éditions Routledge, 2021.

L'EXPRESSION DU LIEU DONNE SA FORME AU VIN

La quête du goût nous fait entrer dans un univers complexe, infini. On s'attache d'abord à la variété, au cépage, puis on découvre peu à peu l'influence du lieu. Sur une même parcelle, les goûts diffèrent. Il suffit d'un passage d'eau pour donner un sol plus frais et basculer sur des fruits plus acides qu'à côté. De même les parcelles pentues donnent des goûts différents entre le bas et le haut. Pour aller plus loin, on observe alors la gestion de la vigueur, le choix du porte-greffe, puis l'influence aromatique des sous-sols. La note truffée des graves argileuses de Pomerol, celle des pétales de rose des graves médocaines, la touche terpénique des calco-schistes de Bolgheri en Toscane, et bien d'autres qui relient l'amateur à l'expression d'un lieu.

Bien des molécules ont été identifiées et nommées par les chercheurs, mais l'interaction entre sous-sol et goût du raisin reste encore à prouver. La notion très à la mode de minéralité est contestée par bien des scientifiques. Comme si n'existait pas tout ce qui n'est pas prouvé par la science.
Difficile alors d'aborder le sujet de la forme du vin. Car au-delà des palettes aromatiques, les sensations de toucher de bouche et les notions de forme du vin sont essentielles. C'est même là que se caractérise le style du vinificateur, son goût personnel. Il faut sortir des extrêmes, entre ceux qui aiment le puissant et le sensuel, souvent amateurs de vins d'attaque, bluffant mais sans trop de profondeur, acceptant jusqu'à la sécheresse, et ceux qui prônent la verticalité et l'élégance, sur des matières flirtant avec le végétal et la dilution. La difficulté, c'est de trouver l'équilibre. [...]
Un monde complexe et fragile se trouve sous nos pieds, une usine silencieuse peuplée d'animaux, de bactéries et de champignons. Ils évoluent tous dans des profondeurs différentes, leurs tâches complémentaires assurent à la vigne sa nutrition et sa pérennité. Mais à cette seule condition que les racines puissent tracer leur chemin à la verticale. Une couleur tirant sur le rose, un aspect tortueux sont les signes physiques de leur bonne santé. L'identité du vin en dépend. Comme en cuisine, la qualité de la matière première reste plus essentielle que l'art de transformer l'aliment.

Stéphane Derenoncourt & Claire Brosse
Extrait de *Wine on Tour*,
La Fabrique de l'épure, Paris 2015

L'enracinement

par Olivier Torrès

« Il y a plus de statistiques sur la santé des baleines bleues que sur celle des patrons de petites entreprises ! »

C'est sur ce constat qu'Olivier Torrès fonde l'Observatoire Amarok. À ceux qu'il appelle avec tendresse les petits patrons, Olivier Torrès demande avec une bienveillante insistance : « Allez-vous bien ? » Plus qu'un chercheur normalien classique, Olivier Torrès est habité par une mission, celle de comprendre et d'accompagner la vie des entrepreneurs, le bien-être de ceux qui animent et font grandir le pays.

À l'origine de son intérêt pour le vin, une histoire bien française et même une affaire, celle de l'enracinement raté des Mondavi dans le Languedoc, une grande famille américaine du vin. Il y voit un cas d'école, s'agace des réactions de la presse et décide de prendre position. En naît La Guerre des vins, *un livre qu'il a crié et qui est devenu un best-seller de l'édition économique, traduit dans une vingtaine de langues.*

Nous avons plongé Olivier Torrès dans différents univers viticoles, spécialement à Bandol. C'est là qu'il a fait la connaissance de vignerons heureux de leur état, qui proclament comme lui le caractère salutaire du travail en général, du leur en particulier. Éric de Saint Victor, propriétaire du château de Pibarnon avec son magnifique amphithéâtre de vignes, et son ami Guillaume Tari dans sa thébaïde de La Bégude sont les acteurs et les témoins de l'enracinement d'un cépage, le mourvèdre, qu'ils s'approprient en le réinventant. Ils conversent avec Olivier Torrès des caractères de leurs vins, de la vie de leur domaine et du bonheur que génère la proximité du vin.

Entre honnêtes hommes, une amitié est née. En témoigne cet échange livre contre vin. Olivier Torrès a offert à Éric de Saint Victor l'édition de Don Quichotte *en Pléiade. Tandis que le vigneron l'a remercié en lui expédiant un magnum de Pibarnon d'une belle année. Quant à Guillaume Tari, il a offert sa légendaire hospitalité à l'universitaire à l'occasion d'une odyssée méditerranéenne entre Bandol et Porquerolles.*

L'Odyssée des Mourvèdres

avec Éric de Saint Victor
et Guillaume Tari

Ou de l'extraordinaire histoire vraie de Don Mourvèdre et autres considérations hallucinatoires sur la vie ordinaire des vins

Dans les romans picaresques, les histoires se répètent toujours car les héros répètent toujours les mêmes histoires, suivant un même et unique idéal : la quête du beau et du bon, du bien et du vrai, du sens et de la singularité… Cette soif d'excellence est la véritable marque de l'authenticité qui se dégage dans cet océan de mensonges, de ruses et de mirages. Mais comme disait le vénérable docteur Relling dans la pièce d'Ibsen *Le Canard sauvage* : « Si vous retirez le mensonge de la vie de personnes ordinaires, vous leur retirez en même temps le bonheur. » Il faut encourager les illusions comme autant de douces rêveries essentielles pour vivre.

Où l'on raconte l'incroyable périple de cet apatride cépage noble et fier, Don Mourvèdre, patron de Bandol

Né en un village d'Espagne du nom duquel personne ne veut se souvenir, moi Don Mourvèdre, je suis un cépage errant, noble et fier, dont les grappes en forme de continent d'Amérique du

Sud invitent sans cesse à la conquête et aux longs voyages. À suivre les méandres de mes pérégrinations, n'en doutez pas, je maintiens avec constance et élégance, contre vents et tempêtes, l'ambition d'un cépage libre, à la charnière d'un monde stable où je m'enracine et d'un monde idéal où je me projette inlassablement. Contrairement à d'autres cépages qui fatiguent un peu, qu'il faut emmener à l'université ou passer l'ENA, je suis un cépage qui a fait l'école de la vie, l'école buissonnière en liberté totale. Après un long exode, Bandol, mon terroir, est devenu ma terre promise.

Chemin faisant, mon nom est devenu pluriel. Mon patronyme est Monastrell en Espagne, mais mon nom a changé selon les régions. Garrut à Valence, je deviens Gayata en Murcie. Depuis que j'ai franchi la péninsule Ibérique, j'ai pris le nom de Negria en Grèce, Balzac noir en Charente, Espar dans le Languedoc, Espagnen en Ardèche. Je m'appelle Mataro aux États-Unis ou en Australie. J'ai plus d'une dizaine de patronymes, un véritable agent non sucré qui se cache derrière plusieurs identités. Les ampélographes me nomment d'au moins dix façons à travers le monde.

Sans patronyme fixe et loin de ma patrie d'origine, c'est ici, en Provence, que j'ai enfoncé mes racines les plus profondes. Dans ce frêle et insouciant village ensoleillé de Bandol, je fais patrimoine pour le plus grand bonheur des fins gourmets et des esthètes de bonne manière. Ici, je suis le patron incontesté, Pater de tous les vins de Bandol où je trône comme un patriarche. Nomade apatride, je me suis empatronné. Fier de ma terre d'asile, on m'entend souvent dire à haute voix, comme Michelet dans les Archives nationales où il bâtit son *Histoire de France*, « voici l'habitation que j'ai choisie et mon repos aux siècles des siècles ».

De ce qui advint au fameux Don Mourvèdre à Bandol, une des plus rares aventures qui se racontent en cette véridique histoire

Il faut dire que Bandol n'est pas né en un jour. Il a fallu le travail d'arrache-pied de quelques bâtisseurs. Je me souviens de cette génération de pionniers. Les Bunan, les « Mouttages », les Terrebrune qui sont arrivés et partis de rien. Et tous ceux-là ont vécu des années difficiles, parce qu'en même temps qu'ils créaient leurs exploitations il fallait aussi créer la notoriété du Bandol, ma notoriété de cépage noble et fier. C'étaient tous des entrepreneurs pionniers, pas forcément hyper-friendly les uns avec les autres. Il y avait quand même l'existence de Tempiers à l'époque, enfin en tout cas du père Perrault, qui présidait la coopérative, l'appellation, la MSA et le Crédit Agricole. Il ne lui manquait plus que la Chambre d'agriculture pour devenir un général cinq étoiles. Il n'y a pas une occurrence Bandol dans la littérature américaine qui ne cite Tempier. C'est impressionnant.

Il faut aussi que je vous conte l'arrivée des Saint Victor à Pibarnon. Ils ont racheté leur domaine à un vieil Italien passionné, dont le vin était aussi typé que l'accent de cet homme viscéralement attaché à sa terre. Arrivés ici en fin des années 1970, les Saint Victor gagnèrent des tas de médailles qui firent rapidement la notoriété de Pibarnon. Mais le père Saint Victor s'est attelé à la notoriété de l'appellation elle-même. Parce qu'à cette époque, il n'existait finalement que Prado et Tempier. Bandol était encore une petite appellation qui vendait ses vins à la Seyne-sur-Mer, à Toulon, parfois un petit peu à Marseille. Le fin du fin à Marseille, c'était de boire du cassis et des coteaux-d'aix, l'aristocratie locale des vins en rouge. Le bandol n'existait pas.

Quand Arlette Portalis du domaine Prado a vu la manière dont les Saint Victor commençaient à entreprendre les choses ici à leur arrivée, elle les a accueillis à bras ouverts. Toute cette génération a eu un rôle de bâtisseurs à la fois pour les propriétés et pour l'appellation. Aujourd'hui, avec les générations suivantes, les choses sont beaucoup plus sereines, plus installées. Il y a certes des fluctuations de notoriété, des gens qui montent, des gens qui stagnent. Mais l'ensemble évolue vers le haut et c'est ça qui est quand même extrêmement agréable pour moi aussi. Leur réussite fait ma fierté de cépage noble. Aujourd'hui, mon terroir de Bandol est arrivé à maturité avec la deuxième génération de vignerons, parfois la troisième ou la quatrième. Quel progrès, quelles évolutions depuis les années 1980 et le début des années 2000.

Où le noble Don Mourvèdre conforta ses convictions républicaines

Je suis un grand d'Espagne, mais là-bas, dans mes terres d'origine, ils ont fini par oublier mes titres de noblesse. Je ne suis pas de l'aristocratie d'Europe, mais de la noblesse terrienne. Si j'ai un côté très aristocratique, j'ai toujours les pieds dans le sol. Je n'ai pas d'escarpins.

Mon histoire est authentique, comme sont authentiques les pérégrinations de Don Quichotte, mon compatriote le plus célèbre à qui je voue un amour sans faille. Que d'émotions quand ceux que j'égaie lisent à haute voix ses histoires. Je me suis pris plusieurs fois pour son égal. J'ai autant, sinon plus voyagé que lui, sans cheval, sans valet, sans armures... J'ai affronté des moulins, rencontré bien des auberges, échangé avec une multitude de personnages fantasques. Il faudrait plusieurs tomes pour relater fidèlement ma vie.

Je sommeille dans des caves, hiberne parfois dans des tonneaux, repose le plus souvent dans des cuves, engourdi mais pas inerte. J'ai aussi une vie de château et mon règne couvre d'immenses domaines. Les hectares ne me font pas peur. Enseveli profondément dans la terre, à plus de 10 mètres de profondeur sous un sol aussi squelettique que Rossinante, je ressuscite soudainement tous les mois de vendémiaire où des mains grasses cueillent le fruit de mes entrailles. Doux Jésus, mais j'en suis fort marri car c'est pour hiberner plusieurs mois dans des caves sans voir le jour. On me choie de toutes les attentions, mais on n'hésite pas à me broyer, me malaxer, m'écraser… je résiste et me transforme. Solide, je deviens liquide, voire vaporeux. Mais mon esprit est toujours là. Je suis un transformiste, passant de l'état solide et fortement enraciné à celui de liquide qui voit enfin la lumière du soleil, après si longtemps m'être assoupi.

Une fois sorti de ma léthargie, je m'adapte à toutes les formes d'habitat : pipettes, ballons, bouteilles, magnums, je ne manque pas d'élégance dans ces robes de verre. Du rouge cardinal au rose dragée, j'aime changer de couleur et d'humeur. Je suis un polyglotte multinational, je n'en suis pas moins patriote de Bandol.

Je fais preuve d'une grande adaptation sociale. Grand cru aristocratique, objet de toute l'attention des grands de ce monde, je suis aussi vin révolutionnaire et populaire. Je me sens tout à la fois le symbole de la convivialité et du partage, de la libération des cœurs et des mœurs, voire du libertinage, de la fête et de la liesse populaire… Finalement, j'incarne à moi tout seul la devise républicaine de mon ultime patrie : liberté, égalité, fraternité.

Quand Don Mourvèdre comprit que Cervantès et Sancho Pança étaient multiples

À Bandol, les familles de vignerons font ma fierté et mon humilité. Avec eux, je suis tout. Sans eux, je ne serais rien. Ce sont des artistes, ce sont des auteurs, ce sont mes Cervantès. Ce sont eux qui écrivent les histoires dont je ne suis que l'interprète principal. Ils signent de leur nom leurs bouteilles. C'est un acte d'autorité qui montre qu'eux aussi sont des patrons. Ils assument leurs choix, leurs renoncements, leur originalité pour faire avec le même cépage des vins uniques. Je suis l'*unitas multiplex* qui permet à cette multitude de se singulariser. C'est magique. Quel bonheur pour moi d'être à leurs côtés. Je ne sais si l'action est la mesure de l'être, mais je suis sûr que ce que je fais nourrit mon existence et la leur aussi.

Ces vignerons sont aussi mes valets, mes fidèles serviteurs. Ils ne sont pas comme cet étourdi de Sancho Pança. Ils sont méticuleux, astucieux, ingénieux, volontaires comme moi. Il le faut dans cette terre soumise à tous les vents. On imagine toujours la Provence comme une douce terre de cocagne, mais ici, avec un coup de mistral et la poussière qui se lève, il y a des bouffées de chaleur d'une dureté incroyable.

Comme Don Quichotte, « je ne veux pas suivre le commun usage » (Don Quichotte, p. 14). « Condamné par mes créateurs à la solitude, j'aurais fini immanquablement à l'asile. C'est à mes serviteurs, mes fidèles vignerons, aidés de leurs techniciens, que je dois de rester, à ma façon, en prise avec le réel, de m'imprégner de l'épaisseur des choses, menant avec eux un dialogue incessant qui est la source même de l'impression de vie que je communique» (d'après p. 15). J'incarne la confrontation permanente de l'idéal et du réel.

Sancho Pança rêvait de devenir gouverneur de l'île que Don Quichotte lui avait promise. Ne suis-je pas à mon tour une éternelle promesse pour mes vignerons ? Ma vigne, c'est l'espoir toujours tardif de la vendange, et mon vin, mon propre sang livré pour la multitude.

J'aime ce passage de Don Quichotte (p. 77, Chapitre 2)
« Mes arrois, ce sont les armes
Mon repos, c'est le combat »
« Vos lits seront roches dures
Votre dormir, c'est veiller »
Quelle analogie avec ma vie…

Mon côté don quichottesque vient de mon art du contrepied, du contretemps. Je suis un cépage tardif, contre-pied parfait car mon identité est complètement décalée par rapport à ce qu'on peut attendre. Bandol est l'une des appellations les plus méridionales de France, les plus ensoleillées de France, avec l'un des cépages les plus tardifs, qui donne ainsi à mes vins des connotations de dégustation plus nordiques que beaucoup de vins de la vallée du Rhône. Je cultive les paradoxes. À Bandol, moi l'apatride aux multiples patronymes, je suis devenu le patron incontesté. Mes pieds de vigne sont un pied de nez à la vie.

Où il fut question de santé sur les hauts plateaux de l'Orangerie du château de Pibarnon

Ici, au château de Pibarnon, dans cet amphithéâtre digne de celui d'Épidaure, je suis comme un héros grec, je suis Sisyphe, celui qui défie les dieux et que l'on condamne pour cela. Je suis condamné à l'éternel recommencement, celui des saisons, celui du temps circulaire, celui du *cyclos*.

Je peux être anxiogène pour mes fidèles serviteurs. Il paraît que je suis l'un des cépages les plus tardifs. Pour me vendanger, il faut donc s'armer de patience et d'une bonne dose de courage. Mettez-vous à la place de mes vignerons que je tourmente sans cesse avec mes vendanges tardives. Pendant que tous les vignerons à cent lieues à la ronde fêtent les vendanges, récoltes rentrées, récompenses assurées, avec moi, ils doivent encore et toujours patienter. Quel stress je leur occasionne ! Je suis un cépage difficile. Mener une vendange à son terme tient du miracle, éternel miracle. Une vendange est toujours un moment de stress intense, mais également une délivrance, une source de joie. Quel bonheur, quelle fierté, quel sentiment d'auto-efficacité une fois la récolte rentrée…

J'ai de nombreuses qualités. D'un naturel optimiste, très endurant, toujours maître de mon destin, toutes ces qualités sont bonnes pour la santé. Elles sont « salutogènes ». J'ai entendu cela le soir d'un dimanche d'été indien à l'Orangerie. Le conférencier égrenait des tas de qualités bonnes pour la santé. Il parlait aussi de passion. J'éprouvais de la fierté, car j'avais le sentiment qu'il parlait de moi comme d'un entrepreneur. Il aurait pu ajouter la capacité d'adaptation, car je crois que c'est l'une des principales qualités de celles et ceux qui entreprennent. Cette qualité doit même s'affermir avec le temps. Entreprendre, c'est bon pour la santé. Remettre en cause l'ordre établi, oser les remises en cause, se frayer des chemins de traverse pour atteindre ses fins, être fier de soi, des siens et de sa patrie, voilà bien des manières qui portent haut et fort le bien-être et le bonheur.

Mais il n'y a pas de bonheur sans souffrance. Ma vie est un éternel recommencement. Comme Sisyphe, je suis toujours à recommencer le même parcours. Mais Camus disait qu'il faut imaginer Sisyphe heureux dans cet instant où il porte pour la énième fois cette pierre qui roule et redescend sans cesse de la montagne, dans ce court instant où il redescend pour remettre cent fois l'ouvrage sur le métier, oui, il faut imaginer Sisyphe heureux.

Quand il n'y a plus d'espoir, il reste encore et toujours l'espérance. La foi est ce qui m'anime le plus. Croyez bien qu'il m'en a fallu une bonne dose de cette foi lorsque j'ai quitté mon pays d'origine ! Toutes ces odyssées m'ont épuisé, mais elles m'ont enrichi de mille souvenirs et ont forgé mon endurance, ma résilience salutaire. Un cépage qui peine au plus proche des pierres devient pierre lui-même. C'est encore Camus qui parle le mieux de mes racines et de ma sève en hiver, profondément lovées dans les pierres, sous terre : mon univers sans maître qui est ni stérile ni fertile. Chacun des grains des pierres, chaque éclat minéral de ces vallées pleines de nuit, forme mon monde. Ma lutte vers les sommets suffit à remplir mon cœur d'homme. Il faut m'imaginer heureux.

Où il fut compris que la condition de vie des vignerons entrepreneurs était loin du long fleuve tranquille

Qui est esclave ? Qui est maître ? Tout cela est bien relatif, me disais-je l'autre soir en surprenant quelques discussions de mes vignerons. Il faut les voir mes vignerons. Ils travaillent par à-coups. Les journées sont toujours bien chargées. Tenir un domaine, c'est avoir constamment le souci de l'entreprise. Concilier les urgences du quotidien avec une vision de long terme. Ils s'endorment souvent avec les problèmes de trésorerie et se réveillent parfois en pleine nuit, en ayant trouvé la solution. C'est dire que leur cerveau ne lâche jamais ! Dans les petites exploitations à taille humaine, un rien suffit à tout déstabiliser. Par un effet de grossissement, ce qui peut paraître anecdotique ou superfétatoire dans une grande entreprise devient problématique, voire cataclysmique dans les petites entreprises viticoles.

On tient là l'une des spécificités des petites entreprises. Le départ d'un salarié suffit à tout déstabiliser. Alors que la démission d'un prof, pensez-vous que le ministre de l'Éducation nationale va s'en rendre compte ? Au château de Pibarnon, un jour, le maître de chai est parti au moment où l'on fêtait les vingt-cinq ans du domaine, quinze jours avant l'événement. Le pauvre Éric a dû assumer, il a fallu qu'il trouve un autre gars.

Mais cette épreuve lui a fait comprendre qu'il avait cette capacité de rebondir, que tant d'entrepreneurs partagent. Cette faculté d'adaptation est la qualité qui s'aiguise le plus au cours d'une carrière entrepreneuriale. Certes, un maître de chai qui s'en va, c'est pénible parce que c'est long à former. Il va falloir tout recommencer, reformer, rejauger, redéguster ensemble, beaucoup discuter, refaire les vins ensemble. Mais quitte à changer, il change pour mieux. Finalement, transformer une contrainte en opportunité, c'est le principe salutaire de tout entrepreneur.

Ces vignerons sont d'authentiques patrons, patrimoniaux et patriotiques. Ils sont fiers de leur terroir. Ils en sont les garants. Rien n'est jamais acquis dans ce secteur, un coup de chaud, un coup de froid, une pénurie ou un excès d'eau, on surnage entre les équilibres précaires, on marche sur le fil du rasoir en permanence.

Et puis, ils doivent composer avec la fatigue, cette compagne exigeante et ingrate qui compte sans donner. Ils sont souvent sous pression avec tout un tas de trucs à répondre, à organiser. Certains reçoivent beaucoup ici leurs importateurs, donc ce sont de grosses dégustations, de grosses discussions aussi. Éric le reconnaît entre deux portes : « Il y a les déjeuners, puis les dîners qu'ils organisent pour eux. Avant de partir jeudi soir, j'avais des importateurs de Californie qui ont tous dormi ici, j'ai fait un dîner. Ça prend beaucoup d'énergie. Ça fatigue. Et après ça, faut trouver l'énergie. On vit un peu sur sa fatigue jusqu'au moment où on est complètement crevé. Et puis, c'est difficile d'avouer que de faire un barbecue, c'est fatigant. »

De la notable rencontre de Don Mourvèdre avec Guillaume le Conquérant

Là-bas à La Bégude, il y en a un qui ne tarit pas d'éloges sur moi. C'est Guillaume qui a scanné mon patrimoine génétique ; toutes mes espèces sont collectées, préservées, réinventées. Mille fois je ressuscite sur cette terre de providence. Au point de me diviniser, il veut me faire porter le chapeau à moi tout seul : 100 % mourvèdre. Il a déjà convaincu son syndicat. Il reste à passer sous les fourches Caudines de l'Inao[1].

Guillaume le Conquérant ne doute de rien. Avec sa sémillante compagne, Soledad, ce sont des Grands d'Espagne. Il faut le voir sauter dans sa Jeep pour chasser le sanglier. Certains finissent en civet, mon mets favori. Quand on pénètre dans la salle à manger, sombre et chaleureuse, l'odeur du ragoût nous envahit, procurant un sentiment de bien-être immédiat à en donner les larmes aux yeux. Ma puissance magnifie les plats rustiques. On se met en valeur mutuellement.

Guillaume, il vient d'ailleurs. Comme tous les immigrés, il est encore plus désireux de me défendre, que dis-je, de me promouvoir. Il a fait l'effort de me comprendre. Il a dédié une parcelle de son terroir à ma seule gloire. Le plus vaste musée du mourvèdre[2], c'est sur ses terres qu'il est bâti. Pour lui aussi, Bandol est sa nouvelle patrie. 100 % mourvèdre, ce n'est plus un règne, c'est une religion monothéiste. Ici, à Bandol, je régnerai en maître absolu. Le vin d'ici sera mon sang livré pour tous. Je quitterai alors la terre pour le royaume des cieux.

Mais, dans cette ascension, il va me falloir quitter mes amis, mes frères de sang, ces autres cépages qui m'ont tenu compagnie en de si longues saisons (moissons – vendanges, vindêmes). Mes Sancho Pança de sang vont me manquer. Majorus, je suis le cépage-maître. *Ego sum dominus vini Bandoli.*

1. Institut national de l'origine et de la qualité.
2. Le domaine de La Bégude recèle en effet un vaste conservatoire ampélographique dédié exclusivement au cépage mourvèdre.

Mais au fond de moi, je crains que cette plénitude ne soit qu'une insoutenable solitude. Comme tout cépage, je suis un végétal social. Je ne m'exprime qu'avec les autres ; pour les autres ; par les autres. N'est-ce pas en bonne compagnie que doit se goûter le vin ? Mon Guillaume, écoute-moi, toi qui me comprends si bien et qui connais mes moindres secrets au plus profond de mes gênes, en voulant m'ériger au rang de Dieu le Père, tu oublies que je ne suis qu'un fils de sang-mêlé qui, dans le fond, a naturellement besoin de l'autre, comme le soleil sa lune, la mer ses étoiles, le ciel ses astres.

Olivier Torrès

« À l'issue d'un périple qui nous a permis de rencontrer tous les producteurs de vins de Bandol, nous demeurons frappés par l'enthousiasme qu'ils témoignent à l'ouvrage. Grands aînés, géniteurs du renouveau, estrangers pris de passion pour le mourvèdre et ce terroir béni des dieux, fougueux héritiers tournant le dos aux sirènes de l'immobilier, ils ont tous, en conscience, opté pour une vie de labeur et de risques, voire d'abnégation. La même fierté irradie leur regard ou leurs paroles lorsqu'ils évoquent ce choix. Qu'ils soient félicités pour cette noblesse et remerciés pour leurs vins. »

Jean-Richard Fernand in *Les vins de Bandol*,
Éditions Autres Temps, photographies de Marc Gaillet,
sous la direction de Maurice Stagliano.

VERS UNE SALUTOGÉNÈSE ENTREPRENEURIALE

« Entreprendre n'est pas qu'une quête de liberté, c'est aussi un acte libérateur.

[...] Le fait d'être dans une situation de travail choisi, et non en travail contraint, modifie radicalement le rapport de l'homme au travail et son impact sur sa propre santé. [...]

Le travailleur non-salarié travaille beaucoup, beaucoup plus que les salariés. Il accepte de faire face à une plus forte incertitude de son revenu, il expose davantage son patrimoine. Mais il est libre. La surcharge de travail le caractérise, mais c'est souvent une soumission librement consentie. Le chef d'entreprise n'est pas en contrainte subie, mais en contrainte choisie.

Peut-être tenons-nous là une explication de l'ambivalente santé patronale. Tant que ces sentiments de liberté et d'indépendance le guident, son état de santé lui paraîtra excellent. Mais qu'il survienne un imprévu majeur, et la bonne santé peut se transformer rapidement en situation délétère.

Face aux facteurs pathogènes, maintes fois analysés dans le domaine de la santé au travail, nous souhaitons, dans les années à venir, rechercher les facteurs positifs, qualifiés de salutogènes par les psychologues de la santé (Bruchon-Schweitzer, 2002). La satisfaction au travail, la maîtrise de son destin, l'endurance, l'esprit positif sont généralement des facteurs protecteurs. Ne sont-ils pas aussi la marque de l'esprit d'entreprendre ? »

Olivier Torrès
Extrait de *La Santé du dirigeant — De la souffrance patronale à l'entrepreneuriat salutaire*,
2e édition, DeBoeck Supérieur, 2017.

L'héritage

par Aurélie Labruyère

Ariane de Rothschild, née Langner, est elle-même banquière de métier. Elle a connu une enfance heureuse de globe-trotter qui l'a faite citoyenne du monde, polyglotte et passionnée par la vie animale et végétale. Elle a fait ses études et démarré sa carrière dans la finance à New York. C'est une femme de son temps, ouverte sur le monde, au tempérament fort et d'esprit conquérant.

En épousant Benjamin de Rothschild[1]*, elle est devenue pour beaucoup la « femme de », mais les clichés ne l'atteignent pas. Le couple s'enracine à Genève, au château de Prégny où il élève ses quatre filles. En dépit de la tradition rothschildienne, Ariane s'implique rapidement dans les affaires familiales, au point de devenir la présidente du groupe Edmond de Rothschild en 2008. À ce titre, elle est autant responsable de la stratégie de la banque que des activités connexes, l'hospitalité à Megève, la ferme des Trente arpents et son fameux brie fermier, la philanthropie à « l'Uni » (versité) de Genève et à l'Essec à Paris – entre autres – et bien sûr le vin.*

---

1. Brutalement décédé mi-janvier 2021.

De Corinne Mentzelopoulos[1] *à Ariane de Rothschild, en passant par Lalou Bize-Leroy, Aurélie Labruyère apprécie le contact de ces entrepreneuses au caractère trempé, ces grandes dames du vin. Elle est elle-même une autodidacte du vin. C'est par passion qu'elle s'est plongée à 20 ans dans ce monde, à Bordeaux d'abord où elle a travaillé pour Château Margaux, puis, suivant son vigneron de mari, entre gamay et pinot noir. Tout en enseignant la culture et le marketing du vin à HEC Paris, Aurélie Labruyère fonde Vindême avec Julien Gacon.*

À l'automne 2018, Ariane de Rothschild reçoit les deux associés à Paris pour échanger sur son engagement dans le vin. Elle partage avec nous, dans le tourbillon de son quotidien, débordant d'obligations, un moment de calme, comme une pause, dans son vaste bureau haussmannien alors que le soleil se couche sur le Grand Palais. Nous découvrons à ses côtés un usage inattendu du vin, entre esthétique familiale et développement de groupe financier.

1. Propriétaire de Château Margaux depuis 1978.

Quand Ariane de Rothschild rencontre Bacchus

« Le plus beau patrimoine est un nom révéré. »
Victor Hugo

Le nom Rothschild reste associé aux institutions financières. Mais, comme nous l'avons vu dans le premier chapitre de ce livre, la famille de Rothschild ne se réduit pas au rôle de banquier.

Être Rothschild. Patronyme prestigieux et marque puissante à la fois. Que véhicule finalement le nom Rothschild au XXIe siècle ? Qu'est-ce qu'être un Rothschild ? *a fortiori* une Rothschild, et plus encore une Rothschild d'alliance ? Pour exercer ses responsabilités, Ariane de Rothschild doit chaque jour se réinterroger et réinventer des réponses. Elle a pris sa place, par étapes, dans une histoire et un système économique familiaux complexes. Cas rare dans cette famille, elle est passée d'une position extérieure aux affaires à l'entrée au conseil d'administration, puis à la présidence du groupe Edmond de Rothschild (le groupe de la “branche française” de la famille).

Partageant la même inclination pour le vin, Ariane de Rothschild a le loisir d'observer les actes fondateurs de sa belle-famille dans ce secteur, à la recherche de l'incarnation de valeurs familiales.

Une passion qui se transmet

« Château Clarke, c'est l'histoire de mon beau-père. Il ne cherchait pas le prestige ; il cherchait à lancer un processus entrepreneurial, à se frotter aux réalités de la viticulture pour faire son propre vin. » La constitution de ce cru bourgeois de Moulis en 1973 n'a pas eu lieu dans le but de collectionner les vins illustres, mais d'apprendre la vigne. Le groupe Edmond de Rothschild est donc dans une dynamique patrimoniale : toute action doit s'inscrire dans le temps long, à l'échelle de la génération et non au rythme des vicissitudes de l'économie.

À partir de Clarke, son pivot, un groupe viticole d'importance se constitue autour de trois grands axes. L'enracinement à Bordeaux, d'abord, par acquisition d'autres crus : châteaux Peyre-Lebade, Malmaison dans le Médoc ; Les Laurets et Malengin à Saint-Émilion. Ensuite, un déploiement international : la création de vignobles à l'étranger, de l'Argentine à la Nouvelle-Zélande via l'Afrique du Sud, ces pays dits du nouveau monde du vin. Enfin, une harmonisation de tous les projets dans un univers typiquement rothschildien : patronyme en guise de signature (Rupert & Rothschild à Stellenbosch), noms des cuvées (par exemple Baronne Nadine, le chardonnay de Rupert & Rothschild Vignerons), référence aux flèches (*rimapere* : cinq flèches en maori et *flechas* en espagnol) et logo sur toutes les capsules témoignent de l'appartenance à un univers.

En deux générations, la branche Edmond de Rothschild constitue un portefeuille de vins internationaux qui n'a rien à envier à ses cousins ni aux autres grandes familles historiques du vin (par exemple celles rassemblées au sein de *Primum Familiae Vini*). L'ambition est la règle.

Des stratégies d'alliances familiales

Depuis le cas d'Opus One en 1977, les trois branches Rothschild se sont distinguées par leur capacité à s'allier à d'autres familles pour créer des grands crus à travers le monde[1]. C'est ainsi qu'ont été créées *wineries* et *bodegas* dans les pays dits du « nouveau monde » du vin. La fondation d'un nouveau vignoble en partenariat avec une autre grande famille, plutôt que l'acquisition d'une propriété déjà réputée : on retrouve une vision de bâtisseurs.

Le groupe Edmond de Rothschild s'est ainsi allié en Afrique du Sud aux propriétaires du groupe de luxe Richemont (les maisons Cartier ou Montblanc entre autres), les Rupert. Dans le cas particulier de Flechas de Los Andes, vignoble de Mendoza, il ne s'agit pas d'une famille argentine, mais d'un autre nom prestigieux en France, les Dassault, impliqués, avec d'autres familles de vignerons de Bordeaux, dans le projet de Michel Rolland baptisé Clos de Los Siete. « Ce sont la plupart du temps des histoires de rencontres. Nous partageons avec ces familles une même volonté, une même vision », précise-t-elle.

1. Au lendemain du « jugement de Paris », le projecteur du monde du vin est braqué sur la Napa Valley en Californie, reconnue comme un terroir favorable à l'élaboration de vins blancs et rouges de stature internationale. Le baron Philippe de Rothschild (cousin d'Edmond et propriétaire de Château Mouton-Rothschild) décide de créer un grand cru alliant le savoir-faire bordelais et la connaissance des terroirs locaux. Pour cela, il s'associe avec les Mondavi, référence américaine en matière de vin. Opus One voit le jour, sous l'impulsion de Philippe de Rothschild et de Robert Mondavi.

Macán, un acte fondateur du couple Ariane et Benjamin de Rothschild

Alors que la génération précédente et les cousins ont repoussé les frontières des vignes aux confins du monde, Ariane et Benjamin de Rothschild se proposent d'explorer notre voisin outre-pyrénéen. Certains bâtissent des châteaux en Espagne, d'autres achètent des châteaux à Bordeaux. Le couple opte pour construire un domaine viticole dans la région de la Rioja. En outre l'Espagne a longtemps été le nouveau monde de Bordeaux. Au milieu du XIXe siècle, les œnologues espagnols sont venus chercher à Bordeaux un savoir-faire éprouvé[1]. Comme un retour aux sources européennes de la culture du vin, l'Espagne est choisie. Elle est restée longtemps le premier vignoble au monde, comme en témoignent les statistiques officielles de l'OIV[2]. Les racines antiques de son vignoble autant que l'immense diversité de ses terroirs en font un *oenotria* (pays du vin) riche de potentiels. C'est un marqueur fort de la part du couple, l'avenir du vin ne se joue pas qu'en Chine.

En 2001, une « rencontre fortuite » entre le couple Ariane et Benjamin de Rothschild et Pablo Alvarez change la donne – mais peut-on parler de hasard à ce niveau ? Il n'y a pas de chance, il n'y a que des rencontres, disent certains avec justesse. Tout rapproche naturellement le propriétaire de Vega Sicilia et le couple Rothschild, à commencer par un respect réciproque pour le succès entrepreneurial doublé d'une passion

1. *Ce désir du vin à la conquête du monde* est le titre d'un ouvrage de Jean-Robert Pitte.
2. L'Espagne (975 000 hectares de vignes en 2016) est rattrapée par la Chine : 858 000 hectares, d'après les statistiques officielles du moins. La France est passée en troisième position avec 786 000 hectares.

du beau et du grand. Et ce n'est pas la langue qui fera barrière puisqu'Ariane de Rothschild, qui a passé une partie de son enfance en Amérique latine, converse avec Pablo en espagnol.

Depuis l'acquisition de Vega Sicilia en 1982, Pablo Alvarez et sa famille sont reconnus mondialement pour avoir porté la viticulture espagnole au sommet, en particulier avec la cuvée Único[1]. Ils ont également développé des vins dans la région de la Ribera del Duero et misé sur une dénomination en devenir, Toro, avec leur vin appelé Pintia. Enfin avec le domaine Oremus, ils ont eu l'audace de participer à la renaissance du vignoble hongrois suite à la chute du bloc soviétique.

Pionniers et conquérants, les Rothschild et les Alvarez partagent l'ambition de créer un grand cru d'Espagne, mais cette fois en partant de zéro. Le projet est baptisé Macán[2]. Ils ont conscience que leur alliance va susciter une immense attente dans le monde du vin. Ils ont le luxe de disposer des moyens humains et capitalistiques nécessaires. Par-dessus tout, ils se donnent le temps de bâtir un vignoble précieux destiné à occuper dans le monde du vin une place de premier plan. Pour passer du rêve à l'acte, il faudra donc une dizaine d'années.

Les deux familles ont choisi de constituer un vignoble par acquisition de parcelles, çà et là, au sein de l'appellation Rioja Alavesa, dans la plus grande discrétion. « Nous avons le même

1. Pablo Alvarez est d'ailleurs membre du cercle Primum Familiae Vini qui réunit de grandes familles du monde du vin dont, entre autres, les Antinori, les Egon Müller, les Perrin, les Dillon…

2. Il y a deux écoles concernant la signification du mot macán. Il désigne d'une part les habitants de la ville voisine. De l'autre un outil traditionnel servant à la culture viticole.

espace-temps. » Aucune communication n'a été mise en place tant que le vignoble de Macán n'était pas prêt. « Macán se doit d'être exceptionnel, sinon il ne se vendra pas. » À quoi bon en effet ajouter un vin de plus à la noria, déjà longue, de ceux qui sont proposés ? « Le rapport qualité-prix s'applique aussi pour nous », commente sobrement Ariane de Rothschild.

Un vignoble en taches de léopard apparaît, constitué de pas moins de « 130 pagos » (ou parcelles) sur près 120 hectares, achetés au coup par coup à 70 propriétaires. Aujourd'hui plus de 90 hectares plantés sont cultivés autour de San Vicente de la Sonsierra. La première vendange donne naissance à 69 000 bouteilles du millésime 2009 qui sont vite vendues.

Finalement après avoir éprouvé la solidité de l'alliance en constituant le vignoble pas à pas, il restait à bâtir un bâtiment pour parfaire le concept de « château » à la bordelaise. C'est chose faite en 2016 : une bodega contemporaine a vu le jour et a pu accueillir la vendange. Ariane de Rothschild s'est tout particulièrement investie dans cette édification, des plans à la décoration.

Macán prolonge et renouvelle l'action des Rothschild dans le vin. Il occupe une place singulière dans la mesure où c'est le projet dans lequel Ariane s'est pour la première fois investie en tant que présidente, ce vin est la réinvention de ce qu'elle a intégré en tant que Rothschild. Un nouvel épisode de l'histoire rothschildienne du vin.

Retour au groupe « La baronne fait de la déco »

« Ne vous trompez pas, c'est économique. » Voilà comment Ariane de Rothschild devance d'éventuels contresens face à sa méthode.

Tout est résumé par une histoire... de moquette ! Avec malice, Ariane de Rothschild raconte comment elle a transformé les bureaux de l'institution genevoise, un pâté de maisons rue de Hesse, au cœur du quartier des banques, afin de secouer l'idée que les collaborateurs avaient de la tradition. « On gardait sous cloche cette moquette et ces tentures vertes en considérant que c'était le chic Rothschild. Agaçant. » Pour ne pas dire simpliste. En faisant arracher ces étoffes, elle brise un tabou et rappelle qui est le gardien du temple. Une manière symbolique et non frontale de prendre le pouvoir dans son institution, de gagner la guerre avant de la livrer.

« Au bout de quarante ans presque sans changement, les privilèges se protégeaient sous couvert de tradition, on m'expliquait ce que j'étais censée faire par respect pour la grande mémoire de la famille[1]. » On mettait tout cela « sous le tapis » en quelque sorte. Les bureaux cossus de la rue du faubourg Saint-Honoré subissent le même traitement et reçoivent les œuvres qu'Ariane glane avec son époux lors de voyages. Les salons, les châteaux (Clarke, Les Laurets, Malmaison), les hôtels (*Mont d'Arbois* et *Four Seasons* à Megève), tous les lieux de travail et de production sont dorénavant une galerie privée éparpillée où s'exposent les collections de plumes zulus,

1. In *Les Échos Week-end*, 14-15 juin 2019.

les colliers masaïs, les sculptures primitives, le cuir repoussé de Cordoue aux motifs Art nouveau – « j'en mets partout » –, les vases, les tableaux, les trophées – Europe, Amazonie, Brésil, Mozambique, Kenya. Les cultures, en se télescopant, entament un dialogue.

Quand on murmure dans son dos « la baronne fait de la déco... », elle rétorque : « Être banquier suppose d'être ouvert sur le monde, y compris esthétiquement. Et puis l'art primitif, basique et exceptionnellement beau, vous apprendra la simplicité. » Le message est clair en interne, il va falloir réformer l'institution.

De la vision à l'action de transformation

Lorsqu'elle prend en main la direction du groupe Edmond de Rothschild, Ariane le restructure. La Compagnie vinicole est associée à la ferme des Trente Arpents et aux établissements hôteliers de Megève pour devenir un pôle dédié à l'art de vivre nommé Edmond de Rothschild Heritage. Les activités liées aux vins, à l'hospitalité ou à la nature, sont professionnalisées. « Ce n'est pas parce que l'on fait de l'agriculture que ça doit être pour s'amuser. Nous ne faisons pas du fromage ; nous cherchons à faire le meilleur brie ! »

Ariane de Rothschild a non seulement systématisé les métiers liés à l'art de vivre, mais aussi leurs mises en valeur réciproques avec les autres métiers exercés par la famille. « L'art de recevoir n'est pas un vain mot. » Chaque bureau, maison ou domaine, est habité. Chacun est un univers complet plein de résonances. « À Genève j'ai mis tout l'univers de Megève. »

Son beau-père Edmond, en maître de maison, fixait déjà les menus lui-même : il savait ce qu'il donnait à sa table et pourquoi. Dans sa lignée, elle maîtrise les menus pour répondre aux particularités culturelles de chacun. D'ailleurs, ce soir-là, la table est dressée dans l'orangerie en contrebas du bureau parisien : ses invités vont arriver. Parmi eux, peut-être, des clients de la banque auxquels elle servira les vins de Clarke, des Laurets ou de Macán. « Que je reçoive des Italiens, des Saoudiens, des Chinois, tous sont touchés. Même les légumes sont produits chez nous, cultivés dans mon jardin du château de Prégny aux abords de Genève. La carte propose aussi le veau de la ferme des Trente Arpents, l'huile d'olive sud-africaine Rupert & Rothschild. » Tous ces éléments composent une expérience complète pour les convives, clients, collaborateurs ou relations. La culture de la cuisine est essentielle chez les Rothschild, quelle que soit la branche. « Le vrai luxe, c'est cela. » En matière de cuisine comme en art primitif – que certains dénigrent comme primaire — Ariane de Rothschild tire une leçon. « Ne vous trompez pas sur l'apparente simplicité des choses. » À table tout doit avoir l'air simple et beau. Le travail que l'œuvre suppose est invisible. « D'ailleurs nous sommes fiers de pouvoir dire que nous avons la meilleure table bancaire ! » Ce dont l'auteur de ce chapitre convient volontiers.

Ariane de Rothschild bouleverse la hiérarchie. Ou plutôt elle renverse l'ordre du monde rothschildien. Avant cette révolution, le système était centré sur la sacro-sainte banque, fondatrice de la puissance de la famille et rayonnant de ses résultats économiques. Autour d'elle gravitaient des activités accessoires, non connectées entre elles, quasi récréatives. Avec le développement hôtelier à Megève à partir du Mont d'Arbois, la consolidation des vignobles, l'élevage et les pépinières à la ferme des Trente Arpents, depuis Ariane, le système n'est plus banco-centrique.

« Ma vision des écosystèmes Edmond de Rothschild, c'est que chacun existe par lui-même et se doit d'être performant. Chaque système, complexe comme un rouage de montre, alimente les autres. » En quelques années Ariane de Rothschild a fait en sorte de « restructurer les activités de la famille pour qu'elles se répondent les unes les autres. »

Ce n'est pas une fusion, mais un mécanisme, à la fois très libre et très contraint, dans lequel les rouages s'animent les uns les autres au profit de l'efficacité générale. « J'aime faire que les gens travaillent entre eux. Je lance puis je ne m'en mêle plus. Par exemple, nos cuisiniers ont pris des initiatives pour former des apprentis en les faisant accueillir dans une autre équipe. Maintenant, les équipes sont demandeuses de ces expériences. »

La nouvelle présidente se sert des meilleures pratiques de l'une des activités pour influencer et dynamiser les autres, banque comprise. Une démarche originale dans un milieu financier en général très conservateur. « Je me sers des métiers d'Edmond de Rothschild Heritage pour stimuler les banquiers. Je leur dis « vous êtes en retard par rapport à ce qu'a fait Edmond de Rothschild Heritage ! Cela crée de la créativité chez les collaborateurs, de la stimulation. Or, c'est positif d'être sous pression. » Il y a dix ans, il était impensable que vignerons et banquiers se parlent.

Mettre au centre ce qui était périphérique est le fondement de son projet de transformation. Dorénavant la formation des banquiers inclut une éducation au vin, au fromage, à l'hôtellerie et même aux beaux-arts... Ariane de Rothschild a toujours considéré les activités non financières de la famille dans le vin, l'agriculture, l'hôtellerie et la gastronomie, comme un laboratoire entrepreneurial du Groupe Edmond de Rothschild.

En donnant une dimension professionnelle aux activités d'art de vivre qui apparaissaient comme le terrain de divertissement de la génération précédente, Ariane de Rothschild affirme avec force la différenciation du groupe Edmond de Rothschild. « Les métiers de la banque subissent une baisse d'attractivité. Chez nous, art de vivre et philanthropie – et la manière dont nous les pratiquons – permettent d'attirer et de retenir les talents. » Même une banque est une marque.

La Cité des Dames, du patrimoine au matrimoine ?

Une cité bâtie uniquement par des femmes de tête, de caractère, des pionnières, des amazones... un rêve soixante-huitard beauvoirien d'émancipation ou une utopie du XXIe siècle post-scandales sexistes ? Ni l'un ni l'autre. C'est le projet fou (on dirait aujourd'hui disruptif) d'une femme écrivain médiévale, publié en... 1405 sous le titre *La Cité des Dames* ! Avant-gardiste Christine de Pisan ? Ce n'est rien de le dire. C'est peut-être ce qu'est en train de bâtir Ariane de Rothschild.

C'est la première fois qu'une femme, en outre une Rothschild d'alliance et non de naissance, prend ainsi place dans la direction des affaires. Une cassure historique qui s'est faite naturellement, ou presque. « Des femmes Rothschild, on parle généralement assez peu, au motif qu'elles n'ont aucun droit de regard sur la conduite des affaires familiales », commente Tristan Gaston-Breton dans sa *Saga des Rothschild*, Tallandier, cité par *Les Échos Week-End*[1].

L'ère de son beau-père, le baron Edmond, et de ses « barons » est révolue. Une cité des dames va-t-elle lui succéder ? Si sa belle-mère a eu une influence importante ; Ariane de Rothschild a le pouvoir direct. Elle s'entoure de femmes à des postes-clés, dont l'économiste Mathilde Lemoine, qu'elle aime présenter comme un esprit brillant. Elle lui a donné carte blanche pour animer un centre de recherches.

« Une femme qui sait ce qu'elle veut », « une bru qui a réussi ». On a véhiculé tant d'images d'Épinal. Le cliché ne lui fait pas peur, le conflit non plus. Peut-être parce qu'elle est une femme, elle peut se permettre d'être révolutionnaire et de secouer une institution très classique dans un environnement professionnel particulièrement masculin. « Il faudra bien qu'ils s'habituent, puisque j'ai quatre filles ! Mais elles, elles sont des Rothschild de plein droit. » En évoquant ses filles, elle a un sourire.

Nous ne sommes plus au XIXe ni au XXe siècle, les épouses ne sont plus cantonnées à des rôles secondaires. Autrefois dans les affaires on « faisait gendre ». Aujourd'hui des brus sont prêtes à prendre une place centrale. Ariane de Rothschild est l'un des exemples de ces femmes talentueuses qui sortent d'une condition conjugale classique pour occuper leur place avec autorité et naturel. Une femme de son siècle, sortie du rôle, si confortable soit-il, que le milieu lui proposait, d'épouse dévolue à

1. In *Les Échos Week-End* 14-15 juin 2019.

la philanthropie et à l'art de vivre – rôle qu'elle n'abandonne d'ailleurs pas pour autant.

En une dizaine d'années, Ariane de Rothschild a eu l'occasion et le loisir de s'approprier l'héritage symbolique de l'une des plus prestigieuses familles européennes, valeurs et rites. Et, comme dans toute famille, comportements, non dits, voire sujets de confrontation. En changeant le fonctionnement du groupe autant que son esthétique, Ariane de Rothschild s'est imposée comme patronne et ouvre la voie à une nouvelle ère, celle de ses filles.

S'il faut conclure

Au XIXe siècle, faire du vin était une manière de gommer la dimension d'usure des activités bancaires. Le vin confère toujours aujourd'hui aux investisseurs, aux entrepreneurs une forme d'anoblissement. Pour les Rothschild, comme pour de nombreuses autres familles, il permet de projeter les armes de la famille à un niveau mondial : faire du vin, c'est habiter le monde.

Ariane de Rothschild est aujourd'hui la porteuse d'une vision « entraînante, lointaine, aspirationnelle » pour le groupe familial qu'elle a désormais la responsabilité de diriger. Une conception fondamentale de l'entreprise, comme nous le rappelle Bernard Bourigeaud[1], notre mentor : « *La vision, c'est ce que le dirigeant imagine du futur souhaitable de l'entreprise à court et surtout*

1. Président fondateur du groupe Atos, puis d'Ingenico, Bernard Bourigeaud a porté ces deux groupes à un niveau élevé de rentabilité et de réputation, tout en cultivant ses engagements sportifs (Roland Garros) et humanistes (Comité des Jeux paralympiques). Il est l'auteur de livres de management ainsi que d'un programme de réflexion politique.

à long terme. » Vision et valeurs d'entreprise se répondent. La présidente reconnaît qu'il est difficile de cultiver ces valeurs sur le terrain : « C'est beau dans *Harvard Business Review*, mais les faire vivre c'est une autre affaire ! » Lorsqu'elle sert les vins de ses domaines, Ariane de Rothschild ne se fait pas seulement l'ambassadrice de ses vignobles, elle proclame aussi l'identité de son groupe. Les Rothschild ne sont pas que des banquiers, ils sont, comme leurs clients, des entrepreneurs à succès, dans la pure tradition familiale de bâtisseurs. Les produits et services Edmond de Rothschild Heritage en sont l'incarnation. Le groupe Edmond de Rothschild développe ainsi une vision de l'économie qui n'est pas spéculative, mais entrepreneuriale. « Nos clients sont des entrepreneurs, donc ils apprécient l'histoire de construction de ces projets viticoles. » Le message est limpide : nous comprenons les entrepreneurs car nous en sommes nous-mêmes ; comme vous, nous prenons des risques, nous produisons des objets et des services. Voici l'usage principal du vin dans ce cas précis.

Quelque temps après notre conversation, je l'entends rappeler lors d'une conférence à Paris : « Notre objectif est de prendre des risques et de laisser une trace dans le monde » qui atteste qu'elle se place, non seulement dans l'économie, mais aussi sur un plan civilisationnel. Ce que la finance ne peut pas faire, le vin le permet et l'incarne. Le projet Macán est singulier à plus d'un titre. Il se distingue par le choix du lieu, par le rythme adopté et surtout par ses acteurs. Cet appariement entre grandes familles partageant une vision de l'excellence et du succès est aussi le principe de l'activité d'investissement de la banque Edmond de Rothschild.

Aurélie Labruyère

« Benjamin de Rothschild : Sans les activités agricoles, viticoles et hôtelières, notre entreprise bancaire ne serait pas ce qu'elle est. Les deux univers se répondent et s'équilibrent, ils sont régis par des valeurs que mon père, Edmond de Rothschild, a pris soin de me transmettre.

Ariane de Rothschild : Nos activités en lien avec l'art de vivre ne relèvent pas d'un caprice. Il s'agit d'une forte implication : nous professionnalisons les pratiques, nous recherchons l'innovation et l'excellence. C'est un accompagnement à long terme. Les vignerons, les fromagers, les cuisiniers ou les artisans avec lesquels nous travaillons allient maîtrise du geste, créativité et savoir-faire ancestraux. Pour devenir artisan d'art, acquérir un geste sûr et « avoir la main » il faut des années. Nous défendons l'idée d'un compagnonnage moderne et nous engageons pour encourager la transmission de savoir-faire précieux tout en favorisant les innovations techniques. La France dispose d'un patrimoine extraordinaire en matière d'artisanat. »

Ariane & Benjamin de Rothschild,
Introduction à *L'Art du geste*, Éditions Textuel, 2009.

CHAMPAGNE BARONS DE ROTHSCHILD

« Puisque leur nom est bien ce que les Rothschild possèdent de plus précieux, les trois branches se sont réunies pour fonder un champagne baptisé, au pluriel, « Barons de Rothschild ». La famille est devenue une Maison. En Champagne, ce mot s'emploie avec une majuscule pour désigner l'activité de négociant, comme dans l'univers du luxe. Depuis septembre 2006, les trois des cinq flèches originelles voient donc leurs trajectoires converger vers la Côte des Blancs. Vu l'importance du temps dans l'élaboration des grands champagnes, il faut toute la vision à long terme et la puissance financière d'une telle institution pour créer en partant de zéro une nouvelle Maison. Les Rothschild ont

acquis des vignes à Vertus tout en s'approvisionnant auprès de vignerons. Le lancement d'une cuvée est l'occasion d'un déjeuner chez l'un des cousins, immortalisé par la traditionnelle photo de famille.
Lorsque les trois branches de la puissante famille Rothschild s'allient pour lancer une marque de champagne, cela ne peut que faire des étincelles. Le nom Rothschild rayonne dans le monde du vin depuis le milieu du XXe siècle. Deux cousins acquièrent alors les châteaux Lafite et Mouton, crus classés de Pauillac, auxquels ils accolent leur patronyme. Dans les années 1970, l'un de leurs descendants, Edmond, choisit Château Clarke. Aujourd'hui, chacune des branches est devenue un puissant groupe vinicole, conduit par l'un des membres de la dynastie (Éric, Philippe et Benjamin). Si l'enracinement est à Bordeaux, chaque groupe a connu le succès grâce à une internationalisation savamment pilotée. Pionniers du Nouveau Monde, les Rothschild ont appliqué un principe commun : s'allier à un acteur local pour créer ou reprendre des vignobles. La diversification vers les vins de marque leur a offert la notoriété auprès du grand public.

Chapitre « La Création », rubrique « L'éponyme »,
in Julien Gacon & Aurélie Labruyère, *Pourquoi est-ce un chef-d'œuvre ? 80 crus et vins expliqués*, Eyrolles, 2016.

La beauté du vin : confiner au subtil

avec Anne Cheng

Un souper

Novembre 2019, alors qu'« un virus banal, apparenté de manière peu prestigieuse à d'obscurs virus grippaux, aux conditions de survie mal connues, aux caractéristiques floues, tantôt bénin tantôt mortel, même pas sexuellement transmissible : en somme, un virus sans qualités[1] » a fait son apparition aux alentours de l'ancienne concession française de Hankou, aujourd'hui Wuhan[2], nous nous apprêtons à nous joindre au dîner somptueux que donne en Bourgogne l'un de nos fidèles clients chinois et qu'il nous a chargés d'organiser pour lui.

Pour l'occasion, nous nous attachons les services de Christian Le Squer, chef trois étoiles du restaurant *Le Cinq* à Paris, qui se déplace en personne avec sa brigade. Il investit toute la journée la cuisine d'un grand domaine de la côte de Nuits ainsi que l'orangerie où l'on dresse la table.

1. Lettre de Michel Houellebecq à France Inter, 4 mai 2020.
2. Précision d'Anne Cheng : « L'actuelle ville de Wuhan est l'agglomération de deux villes, Wuchang et Hankou. »

Les vins proviennent de la propre collection de notre Amphitryon asiatique. La sélection a pour thème le glorieux millésime 1990. Nous suggérons de réunir des rivaux séculaires, de mettre côte à côte de grands bordeaux et de grands bourgognes. L'enthousiasme et la générosité de notre ami aboutissent au fait du prince : une liste à même de faire saliver un entre-soi bourguignon pourtant harassé de dégustations en cette semaine des Trois Glorieuses consécutive de la vente annuelle des Hospices de Beaune. Ce seront Château Lafite, Château Haut-Brion et Petrus pour le camp bordelais ; le Chambertin du Domaine Armand Rousseau, le Cros-Parantoux du Domaine Henri Jayer et La Tâche, grand cru de Vosne-Romanée et monopole du Domaine de la Romanée-Conti, du côté des Bourguignons.

Les convives ne sont pas des relations d'affaires ni un cercle familial ou amical qui serait dénué d'intérêt profond pour le vin. Il s'agit plutôt pour notre hôte, à la manière d'un mécène, de cultiver une passion pour le vin sur le long terme, de s'entourer des producteurs dont il admire le travail, d'offrir une sorte d'étalonnage du goût à travers des bouteilles d'une grande rareté que d'aucuns préfèrent retenir confinées dans des caves devenues sarcophages. Chaque invité de ce petit comité, parce que grand vigneron, marchand influent de Londres ou intime compagnon de vin, alors qu'il ne pourrait bien souvent plus se l'offrir, consacre le moment en retour par son point de vue singulier. *Hic Uva Ubique Nomen*, ici est la vigne dont le nom est partout ; la devise de l'académie des vins de Bordeaux résonne en terre bourguignonne.

Le dîner se tient après une intense journée rythmée de dégustations sur fûts, de marches toniques dans le froid automnal et de visites de courtoisie aux vignerons. Les retrouvailles sont joyeuses et amicales autour de l'apéritif dans les salons attenants à la cuisine. Si certains se rencontrent pour la première fois, tous se connaissent de réputation. La magie opère. Les plats de Christian Le Squer s'enchaînent, tantôt de grands classiques du cuisinier adaptés pour l'occasion, tantôt de courts intermèdes qu'il passe finaliser entre les convives et qui mettent en valeur chaque vin. Nous optons pour servir les vins de Bordeaux en premier, suivis des grands crus bourguignons.

Menu signé Christian Le Squer
Mises en bouche surprise

***

Courge cuite au bois de hêtre
Lait de parmesan/Fruit de la passion

***

Lièvre de la Beauce en croûte
nappé de son consommé en gelée

***

Consommé de sous-bois virtuel de pain truffé

***

Truffes, volaille et cèpes, spaghetti debout en gratin

***

Fromages affinés choisis par le chef

***

Confit de pamplemousse rose

***

Rafraîchi de chocolat noir
Carambar aux éclats de cacahuètes grillés

À table, un invité est particulièrement touché, c'est Charles-Henri de Lobkowicz. L'aristocrate, un tantinet dandy, est d'abord un esthète de son temps. Versé dans l'art contemporain, aux influences tant occidentales qu'orientales, doté d'un carnet d'adresses digne de Montesquiou, flanqué de ses trois châteaux de famille à restaurer, Lobkowicz, aussi prince des réseaux sociaux, est un ambassadeur sans lettre de créance de la France intemporelle.

Lui, membre de la Maison de Bourbon-Parme par sa mère, se retrouve, à l'initiative d'une puissance invitante asiatique, plongé dans un moment de pur luxe à la française. Tout à son affaire en notre compagnie, il est aussi projeté mentalement au domaine de Chantilly, dans *Le Déjeuner d'huîtres*, et au sein du Louvre dans *Un déjeuner de Chasse*, tableaux que Louis XV, son aïeul, commanda à Jean-François de Troy en 1735 et 1737 respectivement. Comme dans ces tableaux virtuoses, (*Le Déjeuner d'huîtres* est le premier tableau à figurer l'effervescence du champagne), tout est réuni dans un moment de civilité lumineux, devenu rare. Si l'assemblée répond à des codes bien précis, l'heure est à la joie de vivre et les conventions sont vite sublimées. La fortune engloutie dans les vins se mue en un plaisir léger, à mille lieues de toute expertise, de toute lourdeur ; les mots d'esprit français s'opposent à l'humour britannique (la nourriture anglaise reste au XXIe siècle une source intarissable de rire !), femmes et hommes rendent ensemble, par leur communion euphorique, pleinement hommage aux fruits de la terre.

Il aura donc fallu le même temps au vin pour se bonifier en bouteilles qu'à notre hôte chinois, visiblement ravi, pour assimiler la culture occidentale de manière stupéfiante et déjouer les pièges de la distinction, édictés en frontières de Rousseau à Bourdieu. Les récits condescendants de voyages d'affaires en Chine, avec force *gan bei* d'alcools forts effroyables autant que subis, n'ont plus cours. En trente ans à peine, notre ami se sera non seulement trouvé à la tête d'une fortune industrielle considérable, mais aura aussi développé une passion pour notre culture, avec le vin comme puissant artefact et médium.

Personne d'autre à table ne pourrait se targuer d'une telle énergie. D'où vient-elle ? Si le parcours de notre hôte chinois est tout à fait exceptionnel, il fait sans doute partie d'une dynamique plus générale qui pourrait aussi expliquer pourquoi le marché chinois du vin est devenu en quelques années le plus important du monde et a conduit à l'explosion des cours de certains, les grands vins français en particulier. Comment en effet parler de vin aujourd'hui sans en venir au phénomène chinois ? En ce début de XXIe siècle, la Chine a fait irruption dans le monde du vin, devenant le chef de file d'un monde prochain bouleversant une grille de lecture, qui jusque-là était certes polarisée entre ancien et nouveau monde, mais entièrement occidentale. À la fois immense marché et vignoble tout aussi immense, elle est devenue, comme dans de nombreux autres domaines, un super-pouvoir.

Mus par la curiosité que nous partageons avec Lobkowicz, nous décidons de consulter la plus haute autorité, ainsi que la plus humble, en matière de civilisation chinoise en France : par l'intermédiaire de sa fille, Julia Wang, nous rencontrons Anne Cheng pour essayer de décrypter cette passion. Si bon sang ne saurait mentir, que dire de l'esprit ! Après la dynastie des Bourbon, nous rencontrons une lignée d'intellectuels. Anne Cheng, fille de l'Immortel François Cheng, enseigne la pensée chinoise au Collège de France et elle est aussi la mère d'une brillante helléniste et latiniste, professeure de lettres classiques. Toutes deux ont été reçues caciques (entendez majors) au concours de l'École normale supérieure, toutes deux aiment le vin et cultivent des amitiés dans le milieu. Le duo mère-fille est évident. Les auspices ne sauraient être plus favorables pour parler de vin, de la Chine et de la France, de beauté et d'avenir.

Anne Cheng enseigne, écrit, explique la pensée chinoise. En fait, elle s'efforce surtout de nous en rapprocher. Quand elle professe le confucianisme, elle cite le Maître dans le texte pour nous faire entendre la suavité de la langue chinoise. « En chinois, un son est le plus souvent un mot. » Celui qui a des oreilles, qu'il écoute ! En lisant sa leçon inaugurale au Collège de France en 2008, nous nous arrêtons sur ces phrases : « J'aime me déplacer, aller et revenir, circuler d'un bord à l'autre, avant même que de comparer. Au pseudo-dialogue, je préfère les conversations à plusieurs. Plutôt que l'altérité qui fige le vis-à-vis, je recherche les différences qui saisissent les choses dans les couleurs et dans le mouvement mêmes de la vie, cette vie à laquelle il nous faut toujours revenir. »

De la singularité à l'universalité

Anne Cheng, avec douceur, débute par une réflexion délicate. « En matière de vin, je n'ai que le statut d'amateur, vous savez. Il y a de quoi être complexé quand on voit le niveau de sophistication atteint par le monde du vin et qu'on y est étranger.

C'est vrai qu'il y a quelque chose comme un impérialisme du vin. Réciproquement quand on aborde la culture chinoise, on se sent tout petit. »

Nul doute qu'Anne Cheng aime se plonger dans quelque chose de plus grand qu'elle et pratiquer l'émerveillement devant le beau. Être un amateur : combien de malentendus naissent de l'emploi de ce terme. Des personnes de notre entourage autant que de grandes personnalités se censurent en se qualifiant d'amateurs. « Au contraire, ayons de l'intérêt pour l'amateur ! » nous disait Lobkowicz, par ailleurs conseiller de grandes maisons et de marques de luxe.

C'est peut-être la plus belle qualification. Être celui qui aime, celui qui se passionne pour. Jean-Paul Kauffmann l'avait bien compris en fondant les revues *L'Amateur de Bordeaux* et *L'Amateur de cigare* : il avait donné ses lettres de noblesse à cette formule. Mais cette attitude a fait son temps. L'amateur s'autocensure face aux professionnels et certains professionnels snobent les amateurs au profit des connaisseurs qui ne sont souvent que des demi-habiles, selon l'expression de Pascal. Quel paradoxe : l'amateur souffre de désamour. Pourtant il faut garder de la modestie – et ce d'autant plus lorsque la marque est prestigieuse – et préférer de fortes personnalités aux pseudo-experts et aux snobs. Un client, ça se perd à toute vitesse. Dans un autre secteur, Dolce & Gabbana en a fait les frais en Chine. Se moquer des clients dans un marché qui fait un tiers des ventes, quelle folie !

Pour Anne Cheng, notre fameux dîner en Bourgogne n'est pas vraiment une surprise. Elle s'explique simplement le faste déployé et l'acculturation stupéfiante dont nous avons été les témoins par le désir d'excellence et la forte culture de la méritocratie qui règnent en Chine. Le système éducatif centralisateur français a d'ailleurs été inspiré à Napoléon par celui des concours mandarinaux chinois. Cette méritocratie impériale serait, selon certains, inspirée de l'enseignement de Confucius et véhiculée par ses disciples. La valeur d'un homme ne tient pas au hasard de sa naissance, mais à son talent. Un être humain se construit par l'éducation, permise par l'aide du maître et par un travail éthique réalisé par soi-même et sur soi-même. Nous voyons bien entendu une forte opposition entre cette méritocratie et l'aristocratie qui dominait dans la Chine ancienne.

En Chine, on veut le meilleur par principe. C'est-à-dire ce qui est rare, précieux, prisé. Il n'y a pas d'accès spécifiquement chinois à ce qui est excellent. Mais quand on en a les moyens, on est prêts à payer le prix, on recherche ce qui vaut le plus, ce qui est le plus élevé, bref le meilleur. Ce sont les Anglais qui ont mondialisé le nom Bordeaux. Plus près de nous, avant les Chinois, les Japonais ont fait montre d'un grand intérêt pour les vins français. C'est le tour des Chinois, non pas par mimétisme, mais par surenchère ! La France est l'objet d'une asymétrie culturelle. Ce pays de si petite taille est l'objet d'une fascination mondiale. Le rayonnement français a de beaux restes. Les dynasties royales, les Lumières, la Révolution, la Belle Époque… La France doit et peut se vendre cher. Ce n'est pas Lobkowicz qui dirait le contraire.

La littérature française est si respectée en Chine qu'elle fait partie de la culture générale. Nombre de petits Chinois ont lu Dumas. L'essor en Chine des langues occidentales anciennes, à savoir le latin et le grec, est d'autant plus remarquable quand on le compare à un désamour, voire un déclin en France. Chez nous, le latin et le grec sont ramenés sans cesse à leur fonction : à quoi peuvent-ils bien servir ? Et l'apprentissage de leur grammaire est aujourd'hui en voie d'être abandonné. Julia Wang préfère assumer leur valeur essentielle, civilisationnelle. Invitée à donner des conférences dans les universités de Beijing et de Shanghai où les programmes de langues anciennes sont ambitieux, elle-même a été surprise de l'intérêt extraordinaire des jeunes Chinois pour le latin et le grec ancien, guidé par la curiosité intellectuelle. Ils ont compris que pour s'imprégner de la culture occidentale, il ne suffit pas d'apprendre l'anglais ou le français, les langues anciennes sont un passage obligé. Anne Cheng y voit une manière de « s'approprier le secret de la puissance de l'autre »... au risque d'en tomber amoureux et, par un magnifique effet papillon, de faire monter le désir des vins !

Résistons à la tentation de l'essentialisation. Il ne faut pas créer des catégories généralisantes comme l'Occident et l'Orient. C'est une tentation simpliste et binaire qui aboutit à plaquer des clichés. Nous devons au contraire accepter la complexité, la nuance. Si les Chinois ont aujourd'hui pris goût au vin et semblent entériner sa consommation, c'est très récent. « Mon époux a adopté la culture du vin très tôt. J'ai emmené mes filles visiter des caves dans le Rhône, en Bourgogne... La famille, à Shanghai, n'appréciait pas le vin français parce qu'il n'était pas assez sucré à son goût. »

On s'est aperçu depuis que le vin pouvait mettre en valeur l'abondante nourriture si prisée par les Chinois. On lit dans certains ouvrages d'histoire que l'on trouve des traces de viticulture dans la très haute Antiquité chinoise, mais il est à craindre que ce soit une légende, à l'instar de la piscine de vin dans laquelle se serait baigné le dernier souverain de la dynastie Shang. « D'après cette légende, il en aurait perdu le mandat du ciel : ça sent à plein nez la propagande ! La dynastie Zhou a prétendu avoir obtenu le mandat du ciel en conquérant les Shang, censés avoir fini dans la déchéance morale. »

Il n'y a pas de véritable tradition. Ce que les Chinois ont bu depuis l'Antiquité est une sorte de saké, un alcool de riz. Et ils le buvaient en compagnie pour se sentir bien. L'alcool issu du raisin était associé aux barbares venus de l'Ouest (Hu). L'alcool était plutôt consommé en dehors des repas, avant ou après, avec des petites choses à grignoter. La dimension sacrée de l'alcool existe aussi en Chine. Sous cette même dynastie Zhou, le souverain faisait des sacrifices de bœufs, de porcs, etc., accompagnés de libations d'alcool de riz dans une vaisselle rituelle en bronze. Il faut malgré tout manipuler cette notion de sacré avec précaution car elle est trop floue. Dans la consommation contemporaine de vin par les Chinois, elle n'existe pas. C'est une recherche purement esthétique.

« C'est le beau qui est sacré, pas le vin », nous rappelle Anne Cheng avec sa douce autorité. Même si un sacré sécularisé persiste dans le vin. On associe néanmoins le vin et le beau depuis des siècles, en témoignent ces quelques vers du VIIIe siècle :

涼州詞 (王翰)
葡萄美酒夜光杯，欲飲琵琶馬上催。
醉臥沙場君莫笑，古來征戰幾人回。

Beau vin de raisin dans la coupe de clarté nocturne –
J'allais en boire, déjà le sistre des cavaliers me presse.
Si je tombe ivre sur le sable, ne riez pas de moi !
Depuis le temps, combien sont revenus des guerres ?

Wang Han, « Chanson de Liang-chou »,
traduction de François Cheng, in
L'Écriture poétique chinoise,
suivie d'une anthologie des poèmes des Tang[1]

La clarté qui jaillit de la coupe de jade de Wang Han nous ramène à la formule de Frédéric Dard à propos du Château d'Yquem : « de la lumière bue ». Lumière qui désigne l'exposition exceptionnelle au soleil des grands terroirs, lumière restituée mystérieusement en éclat dans un verre, lumière intérieure partagée dans un moment de grâce, belle lumière insaisissable et intangible qui nous relie les uns aux autres et au cosmos.

Charles-Henri de Lobkowicz ajoute que cette lumière pousse tout naturellement à la modestie, incite à se mettre au service du vin. Servir la vigne et servir le public qui lui porte intérêt est un tout, comme on sert une autorité, qu'elle fût familiale, religieuse ou politique. Il s'agit d'aimer, de fréquenter, de connaître finalement.

Pour accomplir cela, il faut de fortes personnalités, à même de faire rêver, de transmettre la passion, avec une légitimité naturelle et dénuées d'arrogance. La lourdeur, le snobisme et l'expertise stérile n'ont pas de place, au contraire d'une réelle proximité humaine. Les grandes maisons de vin doivent confier leur développement à des personnalités capables de les personnifier et de s'assurer que des liens de qualité se nouent. Même quand il s'agit de marchés immenses, cette logique européenne du luxe ne peut pas emprunter les voies de la

1. Éditions du Seuil, 1996 (1re éd. 1977).

grande consommation. Le véritable esthète du vin s'enivre d'un cocktail paradoxal d'humilité face à la grandeur ressentie, et de mégalomanie, car il dispose de cette grandeur. Pour éprouver un vertige, il faut être conscient du privilège d'être ici et maintenant sur le toit du monde.

Épilogue

Un vignoble, en tant que lieu, est un horizon. En le travaillant et en l'aimant, l'homme lui confère verticalité et génie. Loin d'une vérité immanente, le terroir reste un mystère universel et insondable, aux profondeurs duquel se trouve l'enracinement d'une plante sœur. Le génie français aura peut-être été de faire du vin une passion nationale, en amalgamant les mondes paysans, bourgeois, religieux et aristocratiques. Ce monde du vin recèle une incroyable diversité d'individualités et de groupes à même de porter et de cultiver cette passion. Cette trame sociale constitue la dimension essentielle du terroir, qui prévient la muséification, la « disneyfication » ou la « macdonaldisation », qui maintient la voix du pays et sa place dans le monde.

Puisse ce milieu éviter de générer de nouveau syndrome de Paris, sorte de déception fatale aux Asiatiques et consécutive à un hiatus profond entre des attentes générées par les symboles, les réputations et les images qui circulent et le ressenti d'une réalité plus terne. Puisse Dionysos, né deux fois, rester furieusement vivant. Qu'il brouille toujours les frontières entre culture et nature, entre rationalité et mysticisme. Qu'il fascine le monde civilisé par son altérité, sa folie et sa grandeur, quitte à choquer ! Puisqu'il s'agit finalement d'universalité, accordons-nous un dernier détour oriental via la culture du soufisme, avec cette invitation de Rûmî :

« Bois avec passion et sois le scandale
Ferme tes yeux et regarde avec l'œil du cœur
Ouvre tes mains si tu veux être porté
Assieds-toi dans le cercle[1] »

Nunc est bibendum

Aurélie Labruyère
et Julien Gacon

LEÇON INAUGURALE AU COLLÈGE DE FRANCE, 2008
Depuis l'Europe des Lumières, on s'est beaucoup occupé de "penser la Chine", quitte à fabriquer les représentations les plus contradictoires, entre la "Chine philosophique" et le "despotisme oriental", entre la Chine éternelle, esthétique et consensuelle, et une autre, imprévisible et inquiétante. Pour sortir de ces clichés tenaces, Anne Cheng nous propose d'exercer notre oreille à capter ce que les auteurs chinois nous donnent à entendre. La Chine ne serait-elle pas capable, après tout, de penser et de se penser par elle-même ?

« Nous avons en France une tradition sinologique vénérable qui remonte au bas mot à deux siècles, à telle enseigne que nous pourrions revendiquer la sinologie comme une invention française.

Notre regard sur la Chine ne peut plus se permettre de rester distant (que ce soit par crainte, par dédain ou même par admiration) et de construire à sa guise un objet appréhendable comme un tout quintessentiel. À bien des égards, nous vivons encore pour une large part sur des conceptions formées il y a trois siècles à l'époque des Lumières, qui ne

1. Extrait des poèmes de Rûmî Mevlana, traduction de Samer Chehade.

sont cependant plus ni très éclairées ni très éclairantes. On ne peut manquer d'être frappé par les représentations contradictoires et pourtant concomitantes qui persistent à l'heure actuelle : comment concilier, d'un côté, l'image d'une "Chine philosophique" chère à Voltaire, rationaliste et esthétique, à la pointe de la civilisation et de l'universalité, et de l'autre, celle d'une Chine issue d'un "despotisme oriental" à la Montesquieu, autocratique et machiavélique, cruelle et brutale ? Il nous faut sans doute accepter d'observer et d'écouter de plus près et, de ce fait même, renoncer aux généralisations à l'emporte-pièce, si brillamment séduisantes et si commodément monnayables soient-elles. Réflexion faite, c'est probablement la mise à distance culturaliste qui nous fait percevoir la Chine comme une forêt monochrome, alors que nous sommes si prompts à saisir les moindres nuances de la moindre feuille d'arbre dès qu'il s'agit d'une culture qui nous est plus familière.

De son côté, la Chine ne veut plus rester là à se laisser étudier, sage comme une image ; elle est devenue un interlocuteur, voire un intervenant actif, dans nos débats pour la simple raison qu'elle s'emploie depuis une trentaine d'années (autant dire une génération) à assimiler tout l'apport des sciences humaines occidentales et, depuis peu, à se réapproprier sa tradition intellectuelle et culturelle, à commencer par ce que recèle son sous-sol. Les découvertes archéologiques, qui ont commencé paradoxalement au plus fort de la Révolution culturelle, sont comparables, dans leur portée et leurs conséquences pour notre vision de l'Antiquité chinoise, à la découverte des manuscrits de la mer Morte : tout en confirmant l'authenticité de certaines sources traditionnelles, elles bouleversent nos conceptions héritées de vulgates qui semblaient acquises.
Il est de bon ton aujourd'hui de se gargariser de "dialogue entre les cultures", sans doute une manière quelque peu angélique de contrer le discours belliqueux sur le « choc des civilisations ». Mais en fait de dialogue, on assiste parfois à un dialogue de sourds.

De la même manière, au lieu de comparer (pour mieux les opposer) l'Europe et la Chine, il me paraît plus intéressant d'étudier comment les idées ont circulé entre elles à l'ère moderne. La vision que nous avons des traditions chinoises est, de fait, déjà conditionnée depuis longtemps par la manière dont elles ont été reçues initialement en contexte européen. »

Professeur Anne Cheng, titulaire de la chaire d'Histoire intellectuelle de la Chine au Collège de France.

Aller plus loin avec les protagonistes de cet ouvrage

- Académie du vin de Bordeaux, actes des colloques des 60 et 70 ans
- Bourigeaud Bernard, *Les Idées simples sont souvent les meilleures*, Eyrolles
- Chaire Unesco culture et traditions du vin, actes des colloques du Clos Vougeot
- Chauvin Pierre-Marie, *Le Marché des Réputations*, Féret
- Cheng Anne, *La Chine pense-t-elle?*, Éditions Fayard, 2009
- Cheng François, *Œil ouvert et cœur battant: Comment envisager et dévisager la beauté*, Desclée de Brouwer, 2011
- Deschodt Éric, *Lafite*, Éditions du Regard, 2009
- Dethier Jean (dir.), *Château Bordeaux*, inventaire de l'exposition, Paris, Éditions Centre Georges-Pompidou, 1988
- Froidevaux Julien, *Vertus de l'indépendance dans la gestion de fortune*, Éditions Slatkine, 2018
- Gacon Julien, Labruyère Aurélie, *Pourquoi est-ce un chef-d'œuvre, 80 vins expliqués*, Eyrolles, 2016
- Jaboulet-Vercherre Azelina, *Florilège de discours savants sur le Vin – Écrire le vin d'Homère à Rabelais*, Prix OIV 2015 du Vin et de la Santé avec *The Physician, the Drinker, and the Drunk – Wine's Uses and Abuses in Late Medieval Natural Philosophy* (Brepols Publishers, non traduit) ; *Le vin, entre nature & culture*, Féret, 2012

- Kenyon-Rouvinez Denise et Ward John L., *Family Business*, Key issues, Palgrave Macmillan, 2005
- Kenyon-Rouvinez Denise, Koeberle-Schmid Alexander, Poza Ernesto J., *Governance in family entreprises*, Palgrave Macmillan, 2014
- Lur Saluces Alexandre de, *D'Yquem à Fargues : l'excellence d'un vin, l'histoire d'une famille*, Gallimard, 2016
- Meyer-Léotard Camille, *L'Art du geste, la passion de Benjamin et Ariane de Rothschild*, Éditions Textuel, 2009
- Olney Richard, *Yquem et Romanée-Conti,* Paris, Flammarion, 2007
- Pitte Jean-Robert, *Le Désir du vin à la conquête du monde, Fayard, 2009; Bordeaux-Bourgogne, histoire d'une rivalité*, Tallandier, 2016
- Rothschild Edmond de, *Le Culte du vin*, Gallimard, 1997
- Rothschild Saskia de, *Almanach Lafite* 1868-2018, Flammarion, 2021
- Torrès Olivier, *La Guerre des vins : l'affaire Mondavi*, Dunod, 2005
- Torrès Olivier (dir.), *La Santé du dirigeant – De la souffrance patronale à l'entrepreneuriat salutaire*, Bruxelles, DeBoeck Supérieur, 2017

Achevé d'imprimer en Espagne en mars 2021 par Liberduplex.